小学数学教学与评价

黄丽玲　著

北方文艺出版社

哈尔滨

图书在版编目（CIP）数据

小学数学教学与评价 / 黄丽玲著. -- 哈尔滨：北
方文艺出版社, 2024. 7. -- ISBN 978-7-5317-6328-4

Ⅰ. G623.502

中国国家版本馆 CIP 数据核字第 2024TJ2411 号

小学数学教学与评价

XIAOXUE SHUXUE JIAOXUE YU PINGJIA

作　者 / 黄丽玲

责任编辑 / 白天佑　　　　　　　　　封面设计 / 周雪颖

出版发行 / 北方文艺出版社　　　　　　邮　编 / 150008

发行电话 /（0451）86825533　　　　　经　销 / 新华书店

地　址 / 哈尔滨市南岗区宣庆小区 1 号楼　网　址 / www.bfwy.com

印　刷 / 廊坊市瀚源印刷有限公司　　　开　本 / 710mm×1000mm　1/16

字　数 / 220 千　　　　　　　　　　　印　张 / 14.25

版　次 / 2025 年 3 月第 1 版　　　　　印　次 / 2025 年 3 月第 1 次印刷

书　号 / ISBN 978-7-5317-6328-4　　　定　价 / 65.00 元

前　言

本书《小学数学教学与评价》旨在探讨如何科学有效地进行小学数学教学，并对教学过程进行全面、多角度的评价。随着教育改革的不断深入，数学教育也面临着新的挑战和机遇。如何培养学生的数学兴趣和创造力，如何提高学生的数学思维能力和解决问题的能力，已成为当前数学教育研究的重要课题。

小学数学教学的目标不仅是帮助学生掌握基础的数学知识和技能，更重要的是培养学生的数学思维方式和解决问题的能力。因此，在本书中，我们将从内容设计、形式设计、结构设计、目标设计、师生关系、学习情境等方面，系统地介绍如何开展科学化、趣味化、生动化、多元化的小学数学教学。

在内容设计方面，我们将强调科学规范的教学内容，根据学生的认知规律设计教学，使得学生能够更好地理解和掌握数学知识。

在形式设计方面，我们将探讨如何创造趣味性的教学形式，提高学生的参与度。通过引入多种互动方式和教学工具，激发学生的学习兴趣，使他们能够积极参与到课堂中来。

在结构设计方面，我们将介绍如何设计生动有趣的教学结构，创造积极互动的学习氛围。通过合理安排教学内容和教学活动，培养学生的思维能力和合作精神。

在目标设计方面，我们将强调建立全面多样化的教学目标，培养学生多方面的数学能力。除了基础知识和技能的掌握外，还要注重培养学生的数学思维方式、问题解决能力等。

在师生关系方面，我们将讨论如何建立平等互动的师生关系，激发学生的自主学习和思考能力。教师应该成为学生学习的引导者和合作伙伴，引导学生主动参与学习过程。

在学习情境方面，我们将强调将数学知识应用于生活场景，培养学生的实际运用能力。通过将数学与日常生活相结合，激发学生对数学的兴趣和学习动力。

在评价方面，我们将探讨多元化的评价目标和参与者，多维度的评价内容和方法。不仅要注重学生知识和技能的评价，还要关注学生的学习过程、问题解决能力等方面。

最后，本书还将介绍如何处理和呈现评价结果，通过定性与定量评价方式的结合，利用多种形式记录和展示评价结果，为教师和学生提供有针对性的反馈和改进意见。

小学数学教学与评价是一项复杂而又重要的工作，需要教师们具备深厚的数学知识和教育理论基础，同时也需要不断地创新和实践。本书旨在为广大小学数学教师提供一些理论指导和实践经验，帮助他们更好地开展教学工作。

在未来的发展中，我们也将面临着新的挑战和机遇。如何运用信息技术手段，创造更加灵活多样的教学方式；如何培养学生的创新思维和团队合作精神；如何促进教师专业发展和教育改革的深入推进等，都是我们需要思考和探索的问题。

本书共十五章，合计 22 万字，由福建省漳州台商投资区角美中心小学的黄丽玲撰写。希望本书能够对广大教师和研究者有所启发，促进小学数学教学与评价的不断改进和创新。同时也欢迎读者提出宝贵的意见和建议，共同为小学数学教育事业做出更大的贡献。

目　录

第一章　引言

第一节　研究背景和目的

一、解释小学数学教学与评价的重要性和现实意义

小学数学教学与评价在学生、教师和社会三个层面都具有重要性和现实意义。通过培养学生数学思维和解决问题能力，塑造正确的数学态度和价值观，实施个性化教育，指导教师教学改进，促进教师专业发展，优化教学资源配置，增强社会竞争力，推动教育公平和建立科学的评价体系，可以提高小学数学教育的质量和效果，为学生的未来发展和社会的进步做出积极贡献。

教学评价则是对教学质量进行客观评判和改进的手段，本专著将探讨小学数学教学与评价的重要性和现实意义，并从学生、教师和社会三个层面进行分析。

（一）学生层面

1. 培养数学思维和解决问题能力

小学数学教学通过培养学生的数学思维和解决问题能力，为他们未来的学习和生活奠定基础。通过合理的教学设计和评价机制，可以激发学生的学习兴趣，提高他们的自学能力和动手实践能力。

2. 塑造正确的数学态度和价值观

数学教学不仅仅是传授知识，更重要的是塑造学生正确的数学态度和价值观。通过评价学生的学习情况和表现，可以及时发现并纠正学生的错误观念，引导他们形成积极的学习态度和合作意识。

3. 个性化教育的实施

每个学生都具有独特的学习特点和需求，个性化教育已成为现代教育的趋

势。数学教学评价可以帮助教师了解每个学生的学习情况和进展，从而针对不同的学生制定个性化的教学计划和辅导方案。

（二）教师层面

1. 指导教师教学改进

教学评价是教师教学改进的重要依据和反馈机制。通过评价教师的教学效果和方法，可以帮助教师发现自身的不足，并及时调整教学策略，提高教学质量和效果。

2. 促进教师专业发展

教学评价可以为教师的专业发展提供指导和支持。通过评价教师的教学能力和教育理念，可以鼓励教师参加专业培训和学术交流活动，不断提升自己的教育水平和教学技能。

3. 优化教学资源配置

教学评价结果可以为学校和教育部门提供决策依据，优化教学资源的配置。通过评价教师和学生的表现，可以及时发现教学中存在的问题和短板，并采取相应的措施进行改进和优化。

（三）社会层面

1. 增强社会竞争力

数学是一门重要的基础学科，对于国家和社会的发展具有重要意义。优质的小学数学教育可以培养更多具备数学素养和创新能力的人才，增强国家和社会的竞争力。

2. 推动教育公平

教育公平是社会发展的基石，而数学教育是实现教育公平的关键之一。通过评价教学质量和效果，可以发现教学中的不公平现象，并采取相应的措施提供更加均等的教育机会。

3. 建立科学的评价体系

建立科学的数学教学评价体系，可以提高教育质量和效果的评估准确性和公正性。这对于改进教学方法、推动教育改革和提高整体的教育水平都具有积极的促进作用。

二、探讨小学数学教学与评价存在的问题和挑战

小学数学教学与评价存在着一系列的问题和挑战。在教师层面，教师专业水平不足、缺乏创新和差异化的教学策略以及时间和资源限制等是需要解决的问题。在学生层面，学生学习态度和动机问题、学习能力差异大以及学校和家庭环境差异等是需要关注的挑战。在评价机制层面，评价指标不够全面和准确、评价方式单一和固化以及评价结果应用不充分等是需要改进的方面。为了克服这些问题和挑战，需要加强教师培训和专业发展、提供个性化教育和辅导、建立全面和灵活的评价体系等措施，以促进小学数学教学与评价的质量和效果的提升。

（一）教师层面

1. 教师专业水平不足

部分小学数学教师的数学知识和教学方法仍然存在一定的不足，无法满足学生多样化的学习需求。这可能导致教学内容和方式过于简单或难度过大，影响学生的学习效果。

2. 缺乏创新和差异化的教学策略

部分教师在教学过程中缺乏创新和差异化的教学策略，过于依赖传统的教学模式和教材。这可能导致学生的学习兴趣下降，无法有效激发他们的学习动力和思维能力。

3. 时间和资源限制

教师在教学中面临时间和资源的限制，无法充分满足学生的个性化需求。这可能导致教师难以给予每个学生足够的关注和指导，影响学生的学习效果和发展。

（二）学生层面

1. 学生学习态度和动机问题

部分学生对数学学习缺乏兴趣和动机，认为数学是一门难以理解和应用的学科。这可能导致他们在学习过程中产生抵触情绪，影响他们的学习积极性和成绩表现。

2. 学生学习能力差异大

小学阶段学生的学习能力差异较大，有的学生具备较强的数学思维和解决问题能力，而有的学生则相对较弱。这给教师的教学工作带来一定的挑战，难以满足不同学生的学习需求。

3. 学校和家庭环境差异

学生的学习成绩和表现受到学校和家庭环境的影响。部分学校和家庭对数学教育的重视程度不同，可能导致学生在学习数学方面存在差距，影响他们的学习成绩和发展。

（三）评价机制层面

1. 评价指标不够全面和准确

小学数学教学评价的指标体系可能存在不够全面和准确的问题。部分评价指标过于注重知识掌握和应试能力，忽视了学生的思维能力和解决问题能力等重要方面，难以全面评价学生的数学素养。

2. 评价方式单一和固化

部分评价方式较为单一和固化，主要依靠考试和测试来评价学生的学习成绩。这可能导致学生只追求分数而忽视真正的数学思维和能力培养，也无法全面反映学生的学习情况和进步。

3. 评价结果应用不充分

部分评价结果未能得到有效的应用和反馈，无法及时改进教学方法和提供个性化的辅导。这可能导致教学质量无法得到持续的改进，学生的学习需求未能得到满足。

三、阐明本专著的研究目的和意义

小学数学教学与评价是培养学生数学素养的关键环节，对学生的数学学习和发展具有重要影响。编写小学数学教学与评价专著旨在深入研究和探讨该领域的理论、实践和方法，以提供有针对性的指导和借鉴，促进小学数学教育的质量和效果的提升。

（一）研究目的

1. 总结与梳理相关研究成果

编写小学数学教学与评价专著的首要目的是总结和梳理相关研究成果。通过对国内外相关研究文献的综述和分析，将各个方面的研究成果进行整合和归纳，为读者提供一个系统的知识框架和理论基础。

2. 探索新的教学理念和方法

编写小学数学教学与评价专著的目的之一是探索新的教学理念和方法。随着教育改革的不断深化，传统的教学模式和方法已经无法满足学生多样化的学习需求。通过研究和探索新的教学理念和方法，可以为教师提供创新的教学策略和思路。

3. 提供实践指导和借鉴

小学数学教学与评价专著的目的之一是提供实践指导和借鉴。在教育现场中，教师面临着各种各样的问题和挑战，需要有具体的操作指南和实践经验进行参考。编写专著可以将相关的实践案例和经验分享给读者，帮助他们更好地应对教学实践中的各种情况。

（二）研究意义

1. 促进教学质量和效果的提升

小学数学教学与评价专著的研究意义之一是促进教学质量和效果的提升。通过对教学理论和实践进行深入研究，可以发现并总结出有效的教学方法和策略，帮助教师优化教学设计和教学过程，提高学生的学习效果和兴趣。

2. 推动教育改革和创新

编写小学数学教学与评价专著可以推动教育改革和创新。随着社会的发展和教育理念的更新，教育体制和教学模式也在不断变革。通过研究和探讨新的教学理念和方法，可以为教育改革提供借鉴和参考，推动教育向更加科学、个性化和全面发展的方向前进。

3. 促进师资队伍建设

小学数学教学与评价专著的研究意义还体现在促进师资队伍建设方面。教师是教育的中坚力量，他们的专业水平和教学能力直接影响着学生的学习效果和发展。编写专著可以为教师提供专业知识和实践经验，提高他们的教学水平和素养。

4. 增强国家的教育竞争力

小学数学教学与评价专著的研究意义还体现在增强国家的教育竞争力方面。优质的教育是一个国家和民族发展的基石，而数学作为一门重要的基础学科，对于培养创新能力和提升科技竞争力具有重要意义。通过编写专著，可以提高国内小学数学教育的质量和水平，增强国家在教育领域的影响力和竞争力。

第二节　教学与评价的关系

一、分析教学与评价之间的相互关系及其作用

教学与评价是教育过程中不可分割的两个环节，二者相互依存、相互促进。教学为评价提供基础，评价促进教学改进，二者相互影响、相互支持。教学的作用在于知识传授和技能培养，激发学习兴趣和动机，培养思维和解决问题能力；评价的作用在于监测学习进展和效果，激发学习动力和积极性，改进教学方法和策略。教师和学生在教学与评价中扮演着重要的角色与责任，教师应设计和实施有效的教学，灵活运用评价方法，给予针对性的反馈和指导；学生应主动参与学习，认真完成学习任务，接受评价和反馈。通过教学与评价的相互关系和作用，可以提高教学质量和效果，促进学生全面发展和成长。

教学是指教师对学生进行知识和技能传授的过程，而评价则是对教学质量和学习效果进行客观判断和反馈的过程。

（一）教学与评价的相互关系

1. 教学为评价提供基础

教学是评价的基础，没有有效的教学过程，评价就失去了对象。教学活动提供了学生学习的内容和机会，为评价提供了实际的教育情境和数据。教学的目标、内容、方法和策略都会直接影响评价的准确性和有效性。

2. 评价促进教学改进

评价的结果和反馈可以为教学提供重要的信息和指导，帮助教师及时发现教学中存在的问题和不足，并进行相应的改进。评价可以揭示学生的学习状况和需求，引导教师调整教学策略和方法，提高教学质量和效果。

3. 教学与评价相互促进

教学与评价是相互促进的过程。良好的教学设计和实施可以为评价提供有力的支持，使评价更加准确、全面和客观。而评价的结果和反馈又能够指导教师进行有针对性的教学改进，提高教学的效果和成果。

（二）教学与评价的作用

1. 教学的作用

（1）知识传授和技能培养：教学是将知识和技能传授给学生的过程，帮助他们掌握基本概念、原理和方法，培养相关的技能和能力。

（2）激发学习兴趣和动机：通过合理的教学设计和实施，教师可以激发学生的学习兴趣和动机，提高他们的参与度和积极性。

（3）培养思维和解决问题能力：教学应该注重培养学生的思维能力和解决问题的能力，通过启发式教学和实践操作等方式，培养学生的创新意识和实际应用能力。

2. 评价的作用

（1）监测学习进展和效果：评价可以监测学生的学习进展和效果，及时了解学生的学习情况和掌握程度，为教学提供有针对性的指导和反馈。

（2）激发学习动力和积极性：评价结果可以激发学生的学习动力和积极性，通过奖励和认可的方式，鼓励学生努力学习和取得更好的成绩。

（3）改进教学方法和策略：评价可以帮助教师发现教学中存在的问题和不足，从而调整教学方法和策略，提高教学的效果和质量。

（三）教师和学生的角色与责任

1. 教师的角色与责任

教师是教学与评价的核心，承担着重要的角色和责任。

（1）设计和实施有效的教学：教师应该具备丰富的教学知识和技能，能够设计和实施符合学生需求的教学活动，引导学生主动参与学习。

（2）灵活运用评价方法：教师应该灵活运用多种评价方法，包括课堂观察、作业评定、小组合作等，全面了解学生的学习情况和进展。

（3）针对性的反馈和指导：教师应根据评价结果给予学生及时的反馈和指导，鼓励他们改进不足，提高学习成果。

2. 学生的角色与责任

学生在教学与评价中也扮演着重要的角色，并有相应的责任。

（1）主动参与学习：学生应主动参与教学活动，积极思考和探究问题，提出自己的观点和疑问。

（2）认真完成学习任务：学生应按时完成教师布置的学习任务，养成良好的学习习惯和态度。

（3）接受评价和反馈：学生应接受评价和反馈，并根据评价结果调整自己的学习策略和方法，不断提高学习效果。

二、强调教学和评价在数学教育中的互为支撑关系

在课堂教学中，教学活动为评价提供基础，评价的结果和反馈可以促进教学的改进；在学习动机中，教学激发学习动机，评价增强学习动力，学习动机又促进教学质量的提升；在教育改革中，教学引领评价，评价推动教学改进，二者共同实现教育目标。强调教学与评价的互为支撑关系，有助于提高数学教育的质量和效果，促进学生全面发展和成长。

（一）课堂教学中的互为支撑关系

1. 教学为评价提供基础

教学活动提供了评价的基础。在数学课堂上，教师通过设计和实施各种教学活动，向学生传授数学知识和技能，培养他们的思维能力和解决问题的能力。这些教学活动为评价提供了具体的教育情境和数据，使评价更加准确、全面和有针对性。

2. 评价促进教学改进

评价的结果和反馈可以促进教学的改进。通过评价教师的教学效果和学生

的学习情况，可以发现教学中存在的问题和不足，并为教师提供有针对性的指导和反馈。教师可以根据评价结果调整教学策略和方法，提高教学的效果和质量。

3. 教学与评价相互促进

良好的教学设计和实施可以为评价提供支持，而评价的结果和反馈又能够指导教师进行有针对性的教学改进。教学和评价相互促进，形成良性循环。教学活动的质量和效果会影响评价的准确性和有效性，而评价的结果和反馈则可以促进教学的改进和提升。

（二）学习动机中的互为支撑关系

1. 教学激发学习动机

优质的教学可以激发学生的学习动机。当教师采用启发式教学、探究式学习等方法时，学生更容易产生兴趣和投入学习。他们会主动参与课堂活动，积极思考和探索问题，从而提高学习效果。

2. 评价增强学习动力

评价结果和反馈可以增强学生的学习动力。通过对学生学习情况和成绩的评价，可以激发他们的学习动力和积极性。奖励和认可的方式可以鼓励学生努力学习和取得更好的成绩。

3. 学习动机促进教学质量

学生的学习动机和积极性可以促进教学质量的提升。当学生具有较高的学习动机时，他们更愿意参与教学活动，积极思考和解决问题。这将促使教师不断改进教学策略和方法，提高教学的效果和成果。

（三）教育改革中的互为支撑关系

1. 教学引领评价

教学应该是教育改革的引领者。随着教育理念和教学模式的更新，传统的教学方法已经无法满足学生多样化的学习需求。教师通过创新的教学设计和实施，引导学生主动探索和学习，从而推动教育改革的进程。

2. 评价推动教学改进

评价在教育改革中起到推动作用。评价结果和反馈可以帮助教师了解自身的不足，促进教学改进。通过评价的指导，教师可以调整教学策略和方法，提高教学的质量和效果，适应教育改革的要求。

3. 教学与评价共同实现教育目标

教学和评价共同努力，实现教育目标。教学活动旨在培养学生的数学素养和创新能力，而评价的目的是为了监测学生的学习进展和效果。通过教学与评价的相互支撑，可以使学生全面发展、健康成长。

三、探讨如何通过评价来促进教学的改进和优化

通过评价来促进教学的改进和优化是教育中重要的一环。设定明确的评价目标、选择适当的评价方法、分析评价结果以及反馈和应用评价结果，都对教学的质量和效果起着重要的作用。教师应根据具体情况，合理设计和实施评价，为学生提供有针对性的指导和反馈，不断改进教学方法和策略，提高教学的质量和效果。通过评价的持续改进和优化，可以促进学生全面发展，提高教育质量和效果。

评价在教学中起着重要的作用，它不仅可以帮助教师了解学生的学习情况和成绩，还可以为教学的改进和优化提供有力的指导。

（一）设定评价目标

设定明确的评价目标是评价过程的第一步。教师需要清楚地知道自己希望通过评价获得哪些信息，以便确定评价的内容和方法。评价目标应该与教学目标相一致，关注学生的学习情况、能力发展和学习动机等方面。

1. 知识掌握与理解：评价学生对基本概念、原理和方法的掌握程度，以及对数学知识的理解和运用能力。

2. 思维和解决问题能力：评价学生的思维能力、逻辑推理和解决实际问题的能力，培养他们的创新意识和实践能力。

3. 学习动机和学习策略：评价学生的学习动机、学习态度和学习策略，了解他们在学习过程中的主动性和自我调节能力。

（二）选择评价方法

选择合适的评价方法是促进教学改进和优化的关键。不同的评价方法可以

提供不同类型的信息，因此，教师需要根据评价目标选择适当的方法。

1. 课堂观察：通过观察学生在课堂上的表现和参与情况，了解他们对知识的理解和运用能力。

2. 作业和考试：通过评价学生的作业完成情况和考试成绩，了解他们的知识掌握程度和解决问题的能力。

3. 小组合作和项目作品评价：通过评价学生在小组合作和项目作品中的表现，了解他们的协作能力、创新能力和实践能力。

4. 口头反馈和问卷调查：通过与学生进行口头交流或使用问卷调查收集意见和反馈，了解他们的学习动机、学习策略和教学需求。

（三）分析评价结果

评价结果的分析是评价过程中的关键环节，通过对评价结果的分析，教师可以获得有针对性的信息，从而为教学的改进和优化提供指导。

1. 数据整理和统计：将评价结果进行整理和统计，以便更好地分析和比较学生的表现。

2. 异常情况的识别：通过分析评价结果，发现学生在某些方面存在的问题和不足，如知识掌握不牢固、思维能力较弱等。

3. 学生群体特点的把握：通过分析评价结果，了解学生群体的整体特点和需求，有针对性地制定相应的教学策略和方法。

（四）反馈和应用评价结果

评价结果的反馈和应用是促进教学改进和优化的重要环节。教师需要及时将评价结果反馈给学生，并根据评价结果调整教学策略和方法。

1. 学生个别指导：根据评价结果，针对学生个体差异，提供个别指导和辅导，帮助他们克服困难，提高学习效果。

2. 教学策略和方法的调整：根据评价结果，调整教学策略和方法，采用不同的教学手段和资源，更好地满足学生的学习需求。

3. 学生自我评价和反思：鼓励学生根据评价结果进行自我评价和反思，培养他们的自主学习能力和自我调节能力。

第二章 内容设计科学化

第一节 科学规范的教学内容

一、提出制定科学教学内容的原则和方法

制定科学教学内容需要遵循针对学生需求、关注学科发展、强调跨学科综合等原则，并结合借鉴教材和课程标准、参与学科社群和研究团队以及教学反思和调整等方法。科学教学内容的制定应注重学生的认知特点和发展需求，关注学科的最新进展，强调知识与技能的融合和跨学科综合。通过科学教学内容的优化和改进，可以提高教育质量和效果，促进学生全面发展和成长。

科学教学内容的制定对于教育的质量和效果具有重要影响。科学教学内容应当符合学生的认知特点和发展需求，能够促进学生的全面发展。

（一）针对学生需求

1. 知识水平和能力发展

科学教学内容应根据学生的知识水平和能力发展阶段进行设计。不同年级和学习层次的学生在数学知识和能力上存在差异，教学内容应适应学生的学习能力和认知特点，循序渐进地引导学生掌握基础知识，并逐步培养他们的思维能力和解决问题的能力。

2. 兴趣和动机激发

科学教学内容应能够激发学生的兴趣和动机。教师可以通过选取生活中的实际问题、与学生相关的案例和应用场景等方式，使教学内容与学生的实际生活联系紧密，增加学生的学习兴趣和参与度。

3. 多元化学习需求

学生的学习需求是多元化的，教学内容应尽可能满足不同学生的需求。在

教学设计中可以提供多样化的学习资源、不同难度层次的练习题和拓展活动，以及个性化的学习支持和辅导，帮助学生根据自身情况进行选择和发展。

（二）关注学科发展

1. 知识体系的完整性

科学教学内容应基于学科的知识体系，确保教学内容的完整性和系统性。教学内容应涵盖学科的核心概念、基本原理和重要方法，有助于学生建立起科学的思维框架和学科的基础知识体系。

2. 前沿科学和实践应用

科学教学内容应关注前沿科学研究和实践应用。通过引入最新的科学发现、科技创新和实践案例，让学生了解科学领域的最新进展，培养他们的科学素养和创新能力。

3. 跨学科融合

科学教学内容应促进跨学科的融合。现实世界中的问题往往涉及多个学科领域，教学内容可以引入不同学科的知识和方法，帮助学生形成全面的思维和解决问题的能力。

（三）强调跨学科综合

1. 知识与技能的融合

科学教学内容应融合知识和技能的培养。除了传授学科知识外，还应注重培养学生的科学思维和解决问题的能力，通过设计合适的实验和观察活动，让学生亲身体验科学探究的过程。

2. 理论与实践的结合

科学教学内容应结合理论与实践，使学生能够将所学的理论知识应用到实际问题中。教学活动可以包括实验、模拟、调查等实践性的活动，帮助学生理解和应用学科知识。

3. 跨学科知识的整合

科学教学内容应整合跨学科的知识。在教学设计中，可以引入数学、物理、化学、生物等多个学科的知识，将学科之间的联系和关联展示给学生，促进学科知识的整体理解。

（四）方法

1. 借鉴教材和课程标准

借鉴教材和课程标准是制定科学教学内容的重要方法之一。教材和课程标准是经过专家研究和审核的权威资源，可以提供合适的教学内容和参考指导。

2. 参与学科社群和研究团队

参与学科社群和研究团队可以获得最新的学科研究成果和教学实践经验。教师可以通过与同行交流和分享，了解学科发展的动态，从而及时调整和优化教学内容。

3. 教学反思和调整

教师应对教学内容进行反思和调整。通过反思教学的效果和学生的反馈，教师可以不断改进教学内容，使其更符合学生的需求和学科的发展。

二、讨论如何将数学知识进行有机的整合和编排

将数学知识进行有机的整合和编排是促进学生全面发展和提高数学素养的重要途径。通过设定明确的主题和目标，关联概念和技能，跨年级和跨学科的整合，以及采用启发式教学、实践应用和综合性项目等方法，可以使学生更好地理解和应用数学知识，培养他们的数学思维和解决问题的能力。在教学过程中，教师应根据具体情况灵活运用不同的方法和策略，创造有利于学生学习和发展的环境和条件。通过有机的整合和编排，可以提高数学教育的质量和效果，培养具有创新意识和实践能力的优秀人才。

数学是一门高度系统化和逻辑性强的学科，其中的各个知识点相互联系、相互依存。将数学知识进行有机的整合和编排可以帮助学生更好地理解和应用数学，培养他们的数学思维和解决问题的能力。

（一）主题与目标的设定

1. 主题的选择

将数学知识进行有机的整合和编排，首先需要确定一个明确的主题或核心概念。主题可以是某个数学领域的基本概念，也可以是一个实际问题或场景。通过设定主题，可以使教学内容更加具体、有针对性，有助于学生建立起完整

的知识体系。

2. 目标的设定

根据主题，设定明确的学习目标。学习目标应包括知识和技能两个方面，既要求学生掌握相关的数学知识，又要求他们能够运用所学知识解决实际问题。通过设定明确的目标，可以指导教学内容的选择和整合。

（二）概念和技能的关联

1. 概念的串联

将数学知识进行有机的整合和编排，需要将相关的概念进行串联和衔接。通过引入先行概念和后续概念之间的联系，帮助学生理解概念之间的逻辑关系，形成完整的思维框架。在教学中，可以采用启发式教学和探究式学习等方法，让学生主动参与，发现概念之间的联系和规律。

2. 技能的应用

数学知识的应用是培养学生数学思维和解决问题能力的关键。将不同的技能进行有机的整合和编排，可以使学生更好地理解和应用数学。在教学中，可以设计一系列的问题和案例，要求学生运用所学的数学知识和技能进行分析和解决，从而提高他们的实际应用能力。

（三）跨年级和跨学科的整合

1. 跨年级整合

数学知识在不同年级之间存在着内在的联系和延续性。通过跨年级的整合，可以帮助学生理解数学知识的发展过程和层次结构，形成完整的学科体系。在教学中，可以设计一些跨年级的综合性问题或项目，要求学生综合运用不同年级的知识和技能进行解决。

2. 跨学科整合

数学与其他学科之间存在着密切的关系，通过将数学知识与其他学科进行整合，可以促进学科之间的交叉融合，培养学生的跨学科思维和综合能力。在教学中，可以选取与其他学科相关的实际问题，引入数学的方法和概念进行分析和解决，让学生体会到数学在现实世界中的应用价值。

（四）方法和策略

1. 启发式教学

启发式教学是一种基于问题和探究的教学方法，可以激发学生的主动性和探索欲望。在教学中，可以设计具有挑战性和启发性的问题，引导学生通过自主探索和思考，逐步建立起数学知识的整体框架。

2. 实践和应用

通过实践和应用，可以帮助学生将所学的数学知识应用到实际问题中。在教学中，可以设计一些实验、观察和模拟活动，让学生亲身体验数学探究的过程，加深对数学概念和原理的理解。

3. 综合性项目

综合性项目是将不同领域的知识和技能进行有机整合的重要手段。通过设计综合性项目，要求学生综合运用数学知识和技能解决实际问题，培养他们的综合思考和解决问题的能力。

三、探究如何确保教学内容具有层次性和连贯性

教学内容的层次性和连贯性对于教育教学过程的有效开展至关重要。通过在课程设计中设定明确的教学目标、分层次设计教学内容，建立知识之间的关联；在教学方法上采用渐进式教学、探究式学习和整合性项目等；在评价反馈中提供多样化的评价方式和针对性的反馈，以及持续的教学反思和调整，可以确保教学内容具有层次性和连贯性。教师在教学实践中应灵活运用这些方法和策略，不断优化教学内容，促进学生全面发展和提高教育质量。

教学内容的层次性和连贯性是教育教学过程中至关重要的一环。层次性指教学内容按照递进和渐进的方式组织，从易到难、由浅入深地呈现给学生；而连贯性则强调教学内容之间的内在联系和衔接，使学生能够形成完整的知识体系。

（一）课程设计

1. 设定明确的教学目标

在课程设计中，设定明确的教学目标是确保教学内容具有层次性和连贯性的关键。教学目标应符合学科的发展规律和学生的认知特点，可以分为基础知

识和技能的掌握、思维能力和解决问题的培养、创新能力和实践应用的提升等多个方面。通过设定明确的目标，可以指导教学内容的选择和安排。

2. 分层次设计教学内容

在课程设计中，应根据学生的学习能力和认知水平，将教学内容分为不同的层次进行设计。从易到难、由浅入深地组织教学内容，帮助学生逐步建立起完整的知识体系。可以根据教材的章节和单元进行划分，也可以根据不同的主题和概念进行分层次的设计。

3. 建立知识之间的关联

在课程设计中，要注重建立教学内容之间的内在关联。将前沿概念与基础概念相联系，引导学生理解概念之间的逻辑关系；将不同章节和单元的知识进行串联，帮助学生形成完整的思维框架。通过建立知识之间的关联，可以使教学内容更具连贯性和层次性。

（二）教学方法

1. 渐进式教学

渐进式教学是一种按照递进和渐进的方式进行教学的方法。教师可以先介绍基础概念和知识点，然后逐步引入相关的扩展和深化内容，让学生在逐渐增加的难度下掌握和应用知识。通过渐进式教学，可以确保教学内容具有层次性和连贯性。

2. 探究式学习

探究式学习是一种基于问题和自主探索的学习方法。在教学中，教师可以提出启发性的问题，鼓励学生通过探索和实践来发现知识之间的联系和规律。通过自主探索和合作学习，学生可以逐步建立起完整的知识体系，形成对知识的深刻理解。

3. 整合性项目和案例分析

通过设计整合性项目和案例分析，可以将不同章节和单元的知识进行有机整合和编排。学生需要综合运用所学的知识和技能，解决实际问题或分析真实案例。通过整合性项目和案例分析，可以帮助学生理解知识之间的关联和应用的价值。

（三）评价反馈

1. 多样化的评价方式

多样化的评价方式可以帮助教师了解学生对教学内容的掌握和理解程度。除了传统的考试和作业评价外，还可以采用口头报告、小组讨论、项目展示等方式进行评价。通过多样化的评价方式，可以获取更全面和准确的评价信息，及时发现学生的问题和不足。

2. 提供针对性的反馈

教师应根据评价结果提供针对性的反馈，帮助学生理解和改进。反馈应具体、明确，并重点关注学生在知识掌握、思维能力和解决问题等方面的表现。通过及时的反馈，学生可以了解自身的学习情况，调整学习策略，进一步提高学习效果。

3. 持续的教学反思和调整

教师应进行持续的教学反思和调整，以保证教学内容的层次性和连贯性。通过反思教学的效果和学生的反馈，教师可以发现教学中存在的问题和不足，及时调整教学策略和方法，提高教学的质量和效果。

第二节　符合学生认知规律的教学设计

一、介绍学生认知发展的特点和规律

学生认知发展的特点和规律是教育教学过程中需要关注的重要问题。从儿童期到青少年期的认知发展、认知发展的关键阶段以及个体差异的影响等方面，了解学生的认知发展有助于教师更好地设计和实施教学活动，促进学生的学习和发展。在教学实践中，教师应根据学生的认知水平和发展特点，合理设置学习任务，提供适当的指导和反馈，并创设良好的学习环境，以促进学生全面发展和提高教育质量。

学生的认知发展是教育心理学中的一个重要领域，研究学生在认知过程中的思维、记忆、问题解决等能力的发展。了解学生认知发展的特点和规律，可以帮助教师更好地设计和实施教学活动，促进学生的学习和发展。

（一）儿童期到青少年期的认知发展

1. 儿童期（0～2 岁）

在儿童期，孩子开始通过感知和运动来探索周围的世界。他们通过触摸、品味、闻、听和看等感官体验来获取信息。在这个阶段，孩子的认知发展主要集中在感知和运动的层面，形成基本的感知和运动模式。

2. 幼儿期（2～7 岁）

幼儿期是认知发展的关键时期。在这个阶段，孩子开始具备逻辑思维和符号操作的能力。他们逐渐理解数量、时间、空间等概念，并开始运用语言表达自己的想法和感受。同时，幼儿期还是学习社会规范和行为控制的重要阶段。

3. 小学阶段（7～12 岁）

小学阶段是认知发展的关键时期之一。在这个阶段，孩子的逻辑思维和抽象思维逐渐发展。他们开始具备系统性思考和问题解决的能力，能够运用逻辑和推理来解决简单的问题。此外，他们还开始形成自我意识和自我评价的能力。

4. 青少年期（12～18 岁）

青少年期是认知发展的另一个关键时期。在这个阶段，青少年的认知能力进一步增强，开始具备更高级的思维能力，如抽象思维、批判性思维和创造性思维。他们对道德、伦理和社会价值观有了更深入的思考和理解，并开始建立自己的身份和自我概念。

（二）认知发展的关键阶段

1. 感知和运动期

感知和运动期是儿童认知发展的起始阶段，主要表现为通过感觉和运动来探索世界。在这个阶段，孩子通过触摸、品味、闻、听和看等感官体验来获取信息。

2. 具体操作期

具体操作期是幼儿认知发展的关键阶段，主要表现为逐渐理解数量、时间、空间等概念，并开始运用语言表达自己的想法和感受。在这个阶段，幼儿开始具备逻辑思维和符号操作的能力。

3. 形式操作期

形式操作期是青少年认知发展的关键阶段，主要表现为更高级的思维能力的发展。在这个阶段，青少年开始具备抽象思维、批判性思维和创造性思维的能力。他们对道德、伦理和社会价值观有了更深入的思考和理解。

（三）个体差异的影响

学生的认知发展存在着个体差异，这些差异可能受到遗传因素、环境因素和教育因素的共同影响。

1. 遗传因素

遗传因素对学生的认知发展起着重要的作用。不同个体之间存在着遗传上的差异，这些差异可能影响学生的智力水平、注意力和记忆能力等认知能力的发展。

2. 环境因素

环境对学生的认知发展也有着重要的影响。家庭环境、社会文化背景和教育资源的差异都会对学生的认知发展产生影响。例如，接受良好的教育和丰富的学习经验的学生可能在认知发展方面更具优势。

3. 教育因素

教育因素是促进学生认知发展的重要因素之一。优质的教育和教学可以提供激发学生思维、培养学习策略和解决问题的能力的机会。通过适当的教学方法和策略，教师可以引导学生积极参与学习活动，促进他们的认知发展。

（四）教学应用

了解学生认知发展的特点和规律对于教学的设计和实施具有指导意义。

1. 个体差异的尊重

教师应尊重学生的个体差异，理解每个学生的认知水平和发展特点。根据学生的不同需求和能力，差异化地设计教学活动，提供适应性的学习支持。

2. 合理设置学习任务

教师可以根据学生的认知发展阶段和能力水平，合理设置学习任务和活动。在幼儿期和小学阶段，任务应当具有一定的挑战性，但又不过于困难，以激发学生的学习兴趣和动机。在青少年期，教师可以提供更加复杂和抽象的问题，培养学生的批判性思维和解决问题的能力。

3. 提供适当的指导和反馈

教师在教学中应提供适当的指导和反馈，帮助学生克服认知障碍，提高学习效果。通过及时的反馈，学生可以了解自身的学习情况，调整学习策略，进一步提高学习能力。

4. 创设良好的学习环境

教师应创设良好的学习环境，为学生提供积极、互动和富有挑战性的学习体验。通过多样化的学习活动和资源，激发学生的主动性和创造性，促进他们的认知发展。

二、提供符合学生认知规律的教学策略和方法

符合学生认知规律的教学策略和方法对于促进学生的学习和发展具有重要意义。通过激发兴趣、启发思维、引导探究和巩固复习等方法，教师可以更好地满足学生的认知需求，提高他们的学习动机和参与度。在教学实践中，教师应根据学生的认知水平和发展特点，灵活运用这些方法和策略，创造积极、互动和富有挑战性的学习环境，推动学生的全面发展和提高教育质量。

学生的认知发展是教育教学中一个重要的考虑因素。了解学生的认知规律可以帮助教师更好地设计和实施教学策略和方法，促进学生的学习和发展。

（一）激发兴趣

1. 创设情境

在教学过程中，创设与学科内容相关的情境可以激发学生的兴趣。教师可以通过引入有趣的故事、实例或案例，让学生能够在真实的情境中理解和应用所学的知识。

2. 多媒体教学

多媒体教学可以以图像、声音、视频等形式呈现教学内容，增加学生的视觉和听觉体验，激发他们的兴趣。通过使用多媒体教学工具，教师可以创造出生动有趣的教学环境，吸引学生的注意力和参与度。

3. 个性化学习

个性化学习可以根据学生的兴趣和需求，提供个性化的学习支持。教师可以根据学生的喜好和特长，设计不同形式的学习任务和活动，让学生能够以自己感兴趣的方式进行学习。

（二）启发思维

1. 提出挑战性问题

通过提出具有挑战性的问题，可以激发学生的思维。教师可以引导学生思考解决问题的方法和策略，培养他们的逻辑思维和创新能力。

2. 探索式学习

探索式学习是一种基于问题和自主探索的学习方法。教师可以提供一个开放的学习环境，让学生通过实践和探索来发现知识和理解概念。

3. 启发式教学

启发式教学是一种通过提供启示和提示，引导学生主动探索和思考的教学方法。教师可以利用比喻、类比、模型等方式，激发学生的思维，促进他们对知识的深入理解。

（三）引导探究

1. 小组合作学习

小组合作学习可以促进学生之间的互动和合作，共同探究和解决问题。通过小组合作学习，学生可以相互交流和分享想法，共同构建知识。

2. 实践活动

实践活动可以帮助学生将所学的知识应用到实际问题中。教师可以设计实验、观察、调查等实践性的活动，引导学生主动参与，并通过实践来巩固和应用所学的知识。

3. 项目学习

项目学习是一种以问题或任务为导向，让学生在自主学习的过程中探究和解决问题的方法。教师可以设计具有挑战性和探究性的项目，引导学生进行独立思考和研究。

（四）巩固复习

1. 总结归纳

在教学结束时，教师可以帮助学生对所学的知识进行总结归纳。通过总结归纳，可以帮助学生整理和梳理所学的内容，加深对知识的理解和记忆。

2. 练习巩固

练习巩固是巩固所学知识的重要手段。教师可以提供一些练习题和问题，让学生在实践中复习和巩固所学的知识。

3. 反思与反馈

学生通过对学习过程的反思和自我评价，可以发现不足并进行改进。教师可以提供及时的反馈和指导，帮助学生理解错误和弥补知识漏洞。

三、探索如何激发学生的兴趣和好奇心

激发学生的兴趣和好奇心对于促进其主动学习和全面发展至关重要。通过创设情境、提供个性化学习、引导探究和促进交互等方法和策略，教师可以激发学生的兴趣和好奇心，使他们更主动地参与学习，并培养其探索精神和求知欲望。在教学实践中，教师应根据学生的特点和需求，灵活运用这些方法和策略，创造积极、互动和富有挑战性的学习环境，推动学生的全面发展和提高教育质量。

学生的兴趣和好奇心是促进其主动学习和全面发展的重要因素。激发学生的兴趣和好奇心有助于培养他们对学习的积极态度和主动性。

（一）创设情境

1. 利用真实场景

将学习与真实生活场景相结合，可以激发学生的兴趣和好奇心。教师可以通过实地考察、实践活动等方式，让学生亲身体验学科知识在现实生活中的应用，增加学习的实用性和趣味性。

2. 使用多媒体资源

多媒体资源可以为学生提供丰富的视听体验，激发他们的兴趣和好奇心。教师可以使用图片、音频、视频等多媒体资源，以生动有趣的方式呈现学习内

容，增强学生的学习兴趣和参与度。

3. 引入故事情节

通过引入有趣的故事情节，可以吸引学生的注意力和参与度。教师可以利用故事情节来介绍学科知识，让学生通过情境感受到学习的乐趣，并激发他们的好奇心和探索欲望。

（二）提供个性化学习

1. 尊重学生的兴趣和需求

教师应尊重学生的兴趣和需求，根据不同学生的特点和喜好，提供个性化的学习支持。教师可以通过问卷调查、个别谈话等方式了解学生的兴趣爱好，为他们设计适合的学习任务和活动。

2. 提供选择权

给予学生一定的选择权可以增加他们对学习的兴趣和主动性。教师可以提供多样化的学习资源和任务选项，让学生能够根据自己的兴趣进行选择，从而增强他们的学习动力。

3. 激发学生的自主学习能力

教师应培养学生的自主学习能力，鼓励他们独立思考和探索。通过让学生参与制定学习计划、设定学习目标等方式，激发他们对学习的兴趣和好奇心，并培养其自主学习的能力。

（三）引导探究

1. 提出问题

提出有启发性的问题是激发学生好奇心和思维的有效方式。教师可以通过提问引导学生思考，鼓励他们积极参与学习，主动探索问题的答案，从而激发他们的好奇心和求知欲。

2. 探索式学习

探索式学习是一种基于问题和自主探索的学习方法。教师可以提供一个开放的学习环境，让学生通过实践和探索来发现知识和理解概念。通过自主探索，学生可以主动参与并体验学习的过程，增强他们的兴趣和好奇心。

3. 实践活动

通过设计实践活动，可以帮助学生将所学的知识应用到实际问题中。教师可以设计实验、观察、调查等实践性的活动，引导学生主动参与，并通过实践来巩固和应用所学的知识。

（四）促进交互

1. 小组合作学习

小组合作学习可以促进学生之间的互动和合作，共同探究和解决问题。通过小组合作学习，学生可以相互交流和分享想法，共同构建知识，并激发他们的学习兴趣和好奇心。

2. 利用科技工具

利用科技工具可以促进学生之间的交互和合作。教师可以使用在线平台、社交媒体等工具，让学生在虚拟环境中进行交流和合作，增强他们的参与度和学习动力。

3. 鼓励表达和分享

鼓励学生表达和分享自己的观点和想法，可以增加他们对学习的兴趣和投入。教师可以通过小组讨论、展示报告等方式，让学生有机会展示自己的成果，并互相借鉴和学习。

第三章　形式设计趣味化

第一节　创造趣味性的教学形式

一、探讨如何通过游戏化教学激发学生的学习兴趣

游戏化教学是一种将游戏元素和机制应用于教学过程中的方法。通过引入游戏的特点，如竞争、挑战、奖励等，可以激发学生的学习兴趣，提高他们的参与度和动力。

通过游戏化教学激发学生的学习兴趣是一种创新的教学方法。通过设定目标、设计游戏机制和提供评价反馈等策略，教师可以激发学生的学习兴趣和动力，提高他们的参与度和学习效果。在实施游戏化教学时，教师需要根据学生的特点和需求，灵活运用这些方法和策略，以创造有趣、富有挑战性和具有意义的学习环境。同时，教师还需要合理评估游戏化教学的效果，并不断调整和优化教学过程，以提高学生的学习体验和成效。

（一）设定目标

1. 明确学习目标

在游戏化教学中，明确学习目标是非常重要的。教师应确定清晰的学习目标，以便学生知道他们需要达到什么样的成就。这样可以使游戏化教学更加有针对性和有效性。

2. 设计挑战性任务

挑战性任务是激发学生学习兴趣的关键因素之一。任务应该具有一定的难度和挑战性，能够吸引学生的注意力并激发他们的学习动力。通过设定适当的任务，可以让学生体验到成功的喜悦和成就感。

（二）设计游戏机制

1. 设置游戏规则

游戏规则是游戏化教学的核心。教师可以设计各种游戏规则，如时间限制、竞争模式、等级系统等，以增加学生的参与度和动力。通过设置游戏规则，可以使学生更加专注于学习，并为他们提供明确的方向和目标。

2. 提供奖励机制

奖励机制是激发学生学习兴趣的重要手段之一。教师可以设定各种奖励，如积分、徽章、排名等，作为学生完成任务和取得进展的激励和认可。奖励机制可以增强学生的参与和投入，激发他们的学习动力。

3. 引入竞争元素

竞争元素可以促使学生更加积极地参与学习。教师可以设计竞赛活动或小组对抗，让学生在游戏中相互竞争，争取获得最好的成绩或排名。通过引入竞争元素，可以激发学生的竞争意识和学习动力。

（三）评价反馈

1. 即时反馈

即时反馈是游戏化教学的重要特点之一。教师应及时给予学生反馈，让他们知道自己的表现和进展情况。通过即时反馈，可以帮助学生认识到自己的优势和不足，激发他们改进和提高的动力。

2. 提供个性化反馈

个性化反馈可以根据学生的表现和需求，提供针对性的指导和建议。教师可以根据学生的具体情况，给予个别的评价和反馈，帮助他们发现自身的问题并提供相应的支持。

3. 创造竞争性评价

竞争性评价可以通过排名、积分等方式进行。教师可以根据学生的学习成绩或表现进行评估，并将结果公示出来，激发学生的竞争意识和学习动力。

（四）案例应用

1. 数学游戏

教师设计数学游戏是一种有趣且有效的教学方法，可以激发学生对数学的兴趣和学习动力。通过数学游戏，如数学迷宫、数独等，学生可以在玩耍的过程中运用所学的数学知识解决问题。

数学游戏能够提供一个互动和竞争的环境，激发学生积极参与。例如，在数学迷宫中，学生需要应用几何和空间概念来找到正确的路径。在数独游戏中，学生需要运用逻辑和推理能力填写数字，满足各行各列以及小方块内的限制条件。这样的游戏挑战了学生的思维和解题能力，并鼓励他们不断尝试和探索。

除了提供有趣的游戏机制，教师还可以设置奖励和竞赛机制，以增强学生的学习动力。例如，教师可以设立游戏关卡或挑战，学生在完成任务或达到特定目标后可以获得奖励或认可。这样的奖励机制可以激发学生的竞争心理和自我激励，使他们更加投入学习和解决问题。

数学游戏不仅能够激发学生对数学的兴趣，还能培养他们的逻辑思维、问题解决能力和团队合作精神。在游戏中，学生需要运用数学知识来分析和解决问题，培养他们的逻辑思维和推理能力。同时，一些游戏可以鼓励学生进行合作和协作，促进团队合作和沟通能力的发展。

2. 语言游戏

教师设计语言游戏是一种有趣且有效的方式，可以帮助学生提高语言能力。通过游戏，如单词拼写比赛和语法填空挑战，学生可以在竞争和娱乐中提升他们的语言技能。

在单词拼写比赛中，学生可以通过拼写正确的单词来获得分数或奖励。这样的游戏可以鼓励学生积极学习新的单词，加强他们的拼写能力和记忆力。同时，游戏还可以增强学生对单词拼写规则和规范的理解，提高他们在写作和阅读中的准确性。

语法填空挑战是另一个有益的语言游戏。学生需要根据上下文和语法规则来填写适当的词语或短语，使句子完整和通顺。这样的游戏可以帮助学生加深对语法知识的理解和运用，并提高他们的语言表达能力。

在设计语言游戏时，教师还可以设置规则和奖励机制，以激发学生的兴趣和积极性。例如，设立时间限制、关卡或挑战，学生在规定的时间内完成任务或达到目标后可以获得奖励或认可。这样的奖励机制能够激发学生的竞争心理和自我激励，增强他们的学习动力。

语言游戏不仅可以提高学生的语言技能，还能培养他们的合作精神、批判思维和创造力。一些游戏可以促进学生之间的合作和团队合作，鼓励他们相互交流和分享策略。同时，通过游戏的挑战和思考，学生将培养批判性思维和创新思维，以寻找更好的解决方案和策略。

3. 科学实验游戏

教师设计科学实验游戏是一种有趣且有效的教学方法，可以帮助学生进行实践和探究科学知识。通过设置游戏规则和评价反馈，可以激发学生对科学的好奇心和研究精神。

在科学实验游戏中，教师可以设计一系列有趣和具有挑战性的实验任务。学生需要在游戏中运用科学原理和方法来解决问题，并观察和记录实验结果。这样的游戏可以鼓励学生积极参与实践，加深对科学概念和实验技巧的理解。

通过设置游戏规则和评价反馈，教师可以激发学生的学习动力和竞争心理。例如，设立关卡或挑战，学生在完成特定的实验任务后可以获得奖励或晋级。这样的规则和奖励机制能够激发学生的积极性和求胜心理，增强他们的学习动力和参与度。

教师还可以为学生提供评价反馈，让他们了解自己的实验成果和表现。通过评价反馈，学生可以了解自己在实验过程中的优势和不足，并提供改进的机会。这样的反馈可以帮助学生发展科学思维和实验技能，提高他们在科学实践中的表现。

科学实验游戏不仅可以提高学生的科学技能，还能培养他们的合作精神、创新思维和问题解决能力。一些实验任务可以鼓励学生进行合作和团队合作，促进他们相互交流和分享策略。同时，通过实验的探索和分析，学生将培养批判性思维和创新思维，以寻找更好的实验方法和解决方案。

教师设计科学实验游戏是一种有趣且有效的教学方法。通过设置游戏规则和评价反馈，可以激发学生对科学的好奇心和研究精神。科学实验游戏不仅可以提高学生的科学技能，还能培养他们的合作精神、创新思维和问题解决能力。通过这样的活动，学生可以在轻松愉快的氛围中提升科学素养，更加积极地参与科学学习。

二、引入有趣的教学活动和情境，提高学生的参与度

在教学过程中，引入有趣的教学活动和情境是一种有效的方式，可以激发学生的兴趣和积极参与。通过创造有趣的教学环境，教师可以提高学生的参与度，并促进他们的学习和发展。

通过引入有趣的教学活动和情境，教师可以提高学生的参与度和学习效果。游戏化教学、实践性学习、社交互动和创设情境是一些有效的方法和策略，可以激发学生的兴趣和好奇心，促进他们的学习和发展。在教学实践中，教师应根据学生的特点和需求，灵活运用这些方法和策略，创造有趣、富有挑战性和具有意义的学习环境，以提高学生的参与度和学习效果。

（一）游戏化教学

1. 设计有趣的游戏活动

游戏化教学是一种将游戏元素和机制应用于教学过程中的方法。教师可以设计各种有趣的游戏活动，如角色扮演、团队竞赛、游戏闯关等，以增加学生的参与度和动力。通过游戏化教学，学生能够以轻松愉快的方式参与学习，提高学习的效果。

2. 设置挑战和奖励机制

在游戏化教学中，教师可以设置挑战和奖励机制，激发学生的参与和积极性。通过设置挑战性任务和设定奖励措施，可以增加学生的动力和投入，提高他们对学习的兴趣。

（二）实践性学习

1. 进行实验和观察

实践性学习是一种通过实践活动来探索和理解知识的方法。教师可以设计实验、观察和调查等实践性的活动，让学生亲身体验和参与其中。通过实践活动，学生能够将所学的知识应用到实际问题中，增强学习的实用性和趣味性。

2. 制作项目和展示

教师可以引导学生进行项目制作和展示活动。通过设计和制作自己的项目作品，并向同学或家长展示，学生能够在实践中运用所学的知识和技能，提高学习的参与度和动力。

（三）社交互动

1. 小组合作学习

小组合作学习可以促进学生之间的互动和合作，共同探究和解决问题。通过小组合作学习，学生可以相互交流和分享想法，共同构建知识，并激发他们的学习兴趣和动力。

2. 辩论和讨论

辩论和讨论是一种促进学生思维和表达能力的活动。教师可以组织辩论赛或小组讨论，让学生在互相交流和辩论的过程中，激发他们对学习内容的兴趣和热情。

（四）创设情境

1. 利用真实场景

将学习与真实生活场景相结合，可以提高学生的参与度和兴趣。教师可以通过实地考察、实践活动等方式，让学生亲身体验学科知识在现实生活中的应用，增加学习的实用性和趣味性。

2. 使用多媒体资源

多媒体资源可以为学生提供丰富的视听体验，激发他们的兴趣和好奇心。教师可以使用图片、音频、视频等多媒体资源，以生动有趣的方式呈现学习内容，增强学生的学习兴趣和参与度。

（五）案例应用

1. 数学游戏

教师可以设计数学游戏，如数学迷宫、数独等，让学生在游戏中运用所学的数学知识解决问题。通过游戏的竞争和奖励机制，可以激发学生对数学的兴趣和学习动力。

2. 语言游戏

教师可以设计语言游戏，如单词拼写比赛、语法填空挑战等，让学生在游戏中提高语言能力。通过游戏的规则和奖励机制，可以激发学生学习语言的兴趣和积极性。

3. 科学实验游戏

教师可以设计科学实验游戏，让学生在游戏中进行实践和探究。通过设置游戏规则和评价反馈，可以激发学生对科学知识的好奇心和研究精神。

三、分析趣味性教学形式对学生学习效果的影响

趣味性教学形式是一种以增加趣味和乐趣为目标的教学方法。通过创造有趣、富有挑战性的学习环境，趣味性教学可以激发学生的兴趣和参与度，提高他们的学习效果。趣味性教学形式对学生的学习效果有着积极的影响。通过激发学习动机、提高参与度和促进深度学习，趣味性教学可以增强学生的学习兴趣和动力，提高他们的学习效果和成绩。在教学实践中，教师应根据学生的特点和需求，灵活运用趣味性教学形式，创造有趣、富有挑战性的学习环境，以提高学生的参与度和学习效果，并促进他们的全面发展。

（一）激发学习动机

1. 提高学习兴趣

趣味性教学形式可以通过创设有趣的情境和活动，提高学生对学习内容的兴趣。有趣的学习环境可以激发学生的好奇心和求知欲，使他们更愿意主动参与学习，并保持积极的学习态度。

2. 增强学习动力

趣味性教学形式可以通过设置挑战和奖励机制，增强学生的学习动力。通过设定具有一定难度和挑战性的任务，并提供适当的奖励和认可，可以激发学生的学习动力和积极性。

（二）提高参与度

1. 增加互动性

趣味性教学形式通常具有较高的互动性，可以促进学生之间的交流和合作。通过小组讨论、角色扮演、游戏竞赛等方式，学生能够积极参与并互相协作，从而提高他们的学习参与度和投入程度。

2. 引导主动学习

趣味性教学形式鼓励学生主动探索和学习，而非被动接受知识。通过设计

探究性任务和实践活动，学生可以在实践中运用所学的知识和技能，增强他们的参与度和学习动力。

（三）促进深度学习

1. 提供实践机会

趣味性教学形式通常提供实践机会，让学生将所学的知识应用到实际问题中。通过实验、模拟、项目制作等实践活动，学生能够深入理解和运用所学的知识，促进深度学习。

2. 激发思维和创新

趣味性教学形式注重激发学生的思维和创新能力。通过提出挑战性问题、启发性提示等方式，可以引导学生思考和探索，培养他们的分析、解决问题的能力，促进深度学习和创新思维的发展。

（四）案例应用

1. 模拟实践活动

教师可以设计模拟实践活动，让学生在虚拟环境中体验真实情境。例如，在语言学习中，可以模拟餐厅点菜的场景，让学生扮演服务员或顾客，用所学的语言进行交流和表达。

2. 角色扮演游戏

教师可以设计角色扮演游戏，让学生在虚拟角色中体验不同的情境和角色。例如，在历史课堂中，学生可以扮演历史人物，通过互动对话和表演，加深对历史事件和人物的理解。

3. 项目制作和展示

教师可以引导学生进行项目制作和展示活动。通过设计和制作自己的项目作品，并向同学或家长展示，学生能够在实践中运用所学的知识和技能，提高学习的参与度和动力。

第二节 提高学生参与度的教学方法

一、探讨合作学习和小组讨论等方法的应用

合作学习和小组讨论是一种重要的教学方法，可以促进学生之间的互动和合作，提高他们的学习效果和能力。通过合作学习和小组讨论，学生可以共同探究问题、分享观点，并通过互相交流和合作来构建知识。合作学习和小组讨论等方法是一种有效的教学手段，可以促进学生之间的互动和合作，提高他们的学习效果和能力。通过设计合适的任务和目标，引导学生进行有效的交流和合作，教师可以激发学生的学习动机和主动性，并促进学生的深度学习和全面发展。在实施合作学习和小组讨论时，教师需要根据学生的特点和需求，灵活运用这些方法，创造积极、互动和富有挑战性的学习环境，以提高学生的学习效果和质量。

（一）理论基础

1. 社会构建主义

社会构建主义认为，知识是在社会互动中共同建构的。合作学习和小组讨论通过促进学生之间的互动和合作，使他们共同构建知识，并通过交流和讨论来深化对学习内容的理解。

2.Vygotsky（维果斯基）的社会发展理论

Vygotsky（维果斯基）的社会发展理论强调学生通过与他人的互动和合作来实现认知发展。合作学习和小组讨论提供了学生之间交流和合作的机会，有助于促进学生的思维和语言发展。

（二）设计原则

1. 小组成员的多样性

小组成员的多样性有助于激发学生之间的互动和合作。教师可以根据学生的不同能力和背景，将学生分组，让他们在小组中相互学习和支持。

2. 清晰的任务和目标

为小组讨论和合作学习设定清晰的任务和目标是非常重要的。教师应明确告知学生需要达到的成果或目标，并提供相关的指导和支持，以保证学生的合作学习能够取得良好的效果。

3. 规范和引导交流

教师应制定合适的规范和引导，促进学生之间有效的交流和合作。教师可以提供一些问题或话题，引导学生进行深入讨论，并鼓励学生分享自己的观点和思考。

（三）案例应用

1. 小组探究活动

教师可以设计小组探究活动，让学生在小组中共同研究和解决问题。例如，在科学课堂上，教师可以给每个小组一个实验任务，让学生通过合作和讨论来完成实验，并总结实验结果。

2. 角色扮演和模拟活动

教师可以设计角色扮演和模拟活动，让学生在小组中扮演不同的角色，并通过互相交流和合作来模拟真实情境。例如，在历史课堂上，学生可以分组扮演历史人物，通过互相对话和互动，深入理解历史事件和人物。

3. 小组讨论和辩论

教师可以组织小组讨论和辩论活动，让学生就特定话题或问题展开讨论和辩论。通过小组内部的交流和小组之间的比较，学生能够分享自己的观点和意见，并从他人的观点中获取新的信息和思考。

（四）优势与挑战

1. 优势

（1）提高学生的参与度：合作学习和小组讨论可以激发学生的积极性和主动性，提高他们对学习的参与度和投入程度。

（2）促进深度学习：通过互相交流和合作，学生能够共同探究和解决问题，促进对学习内容的深度理解和应用。

（3）培养社交和合作能力：合作学习和小组讨论可以培养学生的社交和合

作能力，增强他们的团队合作精神和沟通能力。

2. 挑战

（1）不平衡的参与度：在小组中可能存在某些学生参与度较高，而另一些学生参与度较低的情况。教师需要关注并积极引导学生的参与和合作。

（2）时间管理问题：合作学习和小组讨论可能需要更多的时间来完成任务。教师需要合理安排时间，确保学生能够充分利用时间进行有效的合作学习。

二、引入多媒体技术，丰富教学资源和呈现方式

引入多媒体技术可以丰富教学资源和呈现方式，提供更生动、多样化的学习体验。通过提供视听体验、增强互动性和个性化学习等方法，多媒体技术可以激发学生的学习兴趣和积极性，并促进他们的深度学习和全面发展。在教学实践中，教师应根据学生的特点和需求，灵活运用多媒体技术，创造有趣、富有挑战性和具有个性化的学习环境，以提高学生的学习效果和质量。

（一）提供视听体验

1. 图片和图表

通过使用图片和图表，教师可以直观地呈现抽象概念和复杂数据，帮助学生更好地理解和记忆。图片和图表可以使学习内容更加生动有趣，激发学生的学习兴趣。

2. 音频和视频

音频和视频可以为学生提供丰富的视听体验。教师可以利用音频和视频资源，播放相关的音乐、声音或视频片段，以增强学生对学习内容的感知和理解。

3. 动画和模拟

动画和模拟是一种生动有趣的教学资源。通过使用动画和模拟软件，教师可以呈现复杂的过程和现象，帮助学生形象地理解学习内容，并激发他们的好奇心和探索欲望。

（二）增强互动性

1. 在线平台和教育应用程序

通过引入在线平台和教育应用程序，教师可以为学生提供更多的互动机会。

学生可以通过在线平台进行讨论、作业提交和互动交流，实现与教师和同学之间的即时互动。

2. 互动白板和触摸屏

互动白板和触摸屏是一种有效的教学工具，可以增强教学中的互动性。教师可以利用互动白板和触摸屏进行实时标注、演示和共享，使学生能够更主动地参与课堂活动。

3. 互动游戏和竞赛

通过设计互动游戏和竞赛活动，教师可以激发学生的学习兴趣和参与度。学生可以在游戏和竞赛中积极参与、互相竞争，从而加深对学习内容的理解和记忆。

（三）个性化学习

1. 自主学习平台

自主学习平台可以根据学生的学习需求和进度，提供个性化的学习资源和学习路径。学生可以根据自己的兴趣和能力，在自主学习平台上进行个性化的学习。

2. 定制教学内容

通过多媒体技术，教师可以定制教学内容，根据学生的特点和需求进行个性化设计。教师可以为学生提供不同难度和形式的学习资源，以满足不同学生的学习需求。

3. 学习数据分析

通过多媒体技术收集学生的学习数据，教师可以对学生的学习情况进行分析，并提供针对性的指导和支持。学习数据分析可以帮助教师更好地了解学生的学习进展，为其提供个性化的学习建议。

（四）案例应用

1. 在线课程和远程教学

引入多媒体技术可以支持在线课程和远程教学。教师可以利用视频会议工具、在线教育平台等，与学生进行互动和交流，提供丰富的学习资源和呈现方式。

2. 虚拟实验室和模拟软件

通过使用虚拟实验室和模拟软件，学生可以在计算机上进行实验和模拟。这种方式不仅节约了实验成本，还提供了更安全和便捷的实验环境，增强学生对实验过程和原理的理解。

3. 数字故事和互动书籍

数字故事和互动书籍结合了文字、图像、声音和动画等多媒体元素，可以为学生提供丰富的阅读体验。学生可以通过与数字故事和互动书籍互动，深入探索故事情节和学习内容。

三、分析不同教学方法对学生参与度的影响及其优劣

不同教学方法对学生参与度的影响各有优劣。讲授式教学效率高，但学生参与度较低；合作学习和问题导向学习可以提高学生的参与度和学习效果，但需要注意分工不均衡和时间管理问题。在实际教学中，教师可以根据学生的特点和学科的要求，灵活运用这些教学方法，创造积极、互动和富有挑战性的学习环境，以提高学生的参与度和学习效果。同时，教师还应根据学生的个性化需求，设计合适的教学活动和评估方式，以满足不同学生的学习需求和发展目标。

学生的参与度是衡量教学效果和学习成果的重要指标之一。不同的教学方法对学生的参与度有着不同的影响。

（一）讲授式教学

1. 影响因素

讲授式教学是一种传统的教学方式，它以教师为中心，在课堂上通过讲解和演示来传授知识。在这种教学模式下，学生主要是被动接受者，参与度较低。

在讲授式教学中，教师扮演着知识的提供者和权威人物的角色。他们通常站在讲台前，向学生传授知识，解释概念，演示例题等。学生则坐在座位上，倾听和记录。这种教学方式强调教师的话语权和知识传递的效率，但也存在一些问题。

（1）讲授式教学忽视了学生的主体性和积极性。学生仅仅是被动地接受教师的讲解，缺乏主动思考和参与的机会。这可能导致学生的学习兴趣和动力下

降，学习效果受限。

（2）讲授式教学过于注重知识的灌输，而忽视了学生的理解和应用能力的培养。学生只是被告知正确答案，而缺乏深入的思考和解决问题的能力。这可能导致学生对数学的理解和运用能力的欠缺。

（3）讲授式教学也限制了学生与教师以及同学之间的互动和合作。学生在课堂上往往没有机会提出问题、分享观点或与其他同学进行讨论。这可能阻碍了学生的思维发展和交流能力的培养。

2. 优点

（1）效率高：教师可以在较短的时间内传授大量的知识。

（2）知识系统性：讲授式教学能够按照系统的知识结构，帮助学生建立整体的认知框架。

3. 缺点

（1）学生被动：学生只是被动接受教师的知识，参与度较低。

（2）缺乏互动和个性化：学生之间的交流和互动较少，难以满足不同学生的个性化需求。

（二）合作学习

1. 影响因素

合作学习是一种教学方法，强调学生之间的互动和合作。与传统的单一教师讲授相比，合作学习通过小组讨论、团队项目等方式，积极促进学生的参与和学习效果。

（1）在合作学习中，学生被组织成小组，共同完成任务或解决问题。这种学习方式鼓励学生主动参与，并能够提高他们的思维能力、解决问题的能力以及团队合作精神。学生们可以在小组中分享彼此的知识和经验，互相借鉴和启发。通过集体思考和讨论，他们能够更好地理解和应用所学的知识。

（2）合作学习还可以培养学生的沟通能力和协作能力。在小组中，学生们需要相互交流、协商和合作，共同制定学习目标和计划，分工合作完成任务。通过这个过程，学生们不仅可以提高自己的表达能力，还可以学会倾听他人的观点和意见，并尊重不同的意见。

（3）合作学习也有助于培养学生的解决问题的能力和创新思维。在小组中，学生们面临各种挑战和问题，需要共同思考和解决。通过讨论和合作，他们可以集思广益，寻找创新的解决方案，并从中获得成就感和自信心。

2. 优点

（1）提高参与度：学生在小组中相互交流和合作，主动参与学习。

（2）增加互动和社交：学生之间的交流和互动促进了思维碰撞和知识共享。

3. 缺点

（1）分工不均衡：在小组学习中，可能存在某些学生参与度较高，而另一些学生参与度较低的情况。

（2）时间管理问题：合作学习可能需要更多的时间来进行讨论和合作。

（三）问题导向学习

1. 影响因素

问题导向学习以问题为导向，学生通过解决问题来探究和理解知识。问题导向学习是一种以问题为导向的教学方法，它强调学生通过解决问题来主动探究和理解知识。相比于传统的单向教授知识的方式，问题导向学习能够更好地激发学生的学习兴趣和思维能力。

（1）在问题导向学习中，教师提出一个具有挑战性和启发性的问题，引起学生的思考和好奇心。学生们被鼓励主动提出问题、收集信息、分析数据和进行实验，以找到问题的解决方案。这个过程不仅让学生在实践中学习，也培养了他们的批判性思维和解决问题的能力。

（2）问题导向学习注重培养学生的自主学习能力和合作精神。学生们在解决问题的过程中需要自主地制定学习目标、寻找资源、展开讨论，并且可以与同伴进行合作和交流。通过合作学习，学生们能够互相借鉴和启发，共同解决问题，促进彼此的成长和学习。

（3）问题导向学习还能够培养学生的批判性思维和创新能力。通过面对问题和挑战，学生们需要深入思考、分析和评估各种可能的解决方案。他们被鼓励提出新颖的观点和创新的解决方法，培养了他们的创造力和批判性思维。

2. 优点

（1）激发学习兴趣：问题导向学习能够激发学生的好奇心和求知欲，提高学习的动机和参与度。

（2）深度学习：学生通过解决问题来深入理解知识，培养批判性思维和创新能力。

3. 缺点

（1）需要指导和支持：问题导向学习需要教师的指导和支持，以确保学生能够正确理解和解决问题。

（2）学生主动性要求较高：学生需要具备一定的自主学习能力和合作精神，才能在问题导向学习中取得良好的效果。

（四）案例应用

1. 案例分析和讨论

在问题导向学习中，教师可以提供实际案例作为学习的起点，引导学生进行案例分析和讨论。通过案例学习，学生能够在真实情境中应用所学的知识和技能，促进参与度和深度学习。

教师可以选择与学生所学领域相关的实际案例，例如社会问题、科学实验、历史事件等。通过呈现具体案例，教师激发学生的兴趣和好奇心，引发他们思考问题并提出解决方案的动力。

（1）在案例分析和讨论过程中，学生被鼓励主动提出问题、收集信息、分析数据和进行实践。他们可以自由地探究案例中的问题，并与同伴进行交流和合作。通过小组讨论和互动，学生们共同探索案例的背景、原因、影响和解决方法，从而加深对知识的理解和应用。

（2）案例学习不仅能够提高学生的参与度，还培养了他们的批判性思维和问题解决能力。在案例分析过程中，学生需要观察、推理和评估各种信息，形成自己的观点和判断。他们通过与同伴的讨论和辩论，不断完善和调整自己的观点，并学会尊重和接纳不同的意见。

（3）案例学习也能够促进学生的实践能力和创新思维。通过分析实际案例，学生们可以探索新颖的解决方案，培养创造性思维和实践操作的能力。他们可以通过实验、模拟或设计等方式，将理论知识应用到实际情境中，从而加深对知识的理解和掌握。

2. 小组项目和展示

教师可以组织小组项目和展示活动，让学生在小组中共同研究和完成项目，并向同学或教师展示成果。这种方式促进了学生之间的互动和合作，提高了参与度和学习效果。

3. 探究式实验和研究

教师可以设计探究式实验和研究任务，让学生主动参与实践和探索。学生通过实验和研究，解决问题并分享结果，提高参与度和深度学习。

（五）优劣比较

1. 参与度

相对于传统的讲授式教学，合作学习和问题导向学习是两种能够提高学生参与度的有效教学方法。通过学生之间的互动和合作，以及通过解决问题来探究和理解知识，这两种教学方法都能够激发学生的主动性和积极性，提高他们的参与度和学习效果。

（1）合作学习强调学生之间的互动和合作。通过小组讨论、团队项目等方式，学生们被鼓励积极参与学习过程。在小组中，他们可以分享自己的知识和经验，互相借鉴和启发，共同解决问题。这样的合作学习环境激发了学生的主动性和积极性，提高了他们的参与度和学习效果。

（2）问题导向学习以问题为导向，引导学生通过解决问题来探究和理解知识。教师提出具有挑战性和启发性的问题，激发学生的思考和好奇心。学生们需要主动提出问题、收集信息、分析数据和进行实验，以找到问题的解决方案。这种问题导向的学习方式鼓励学生主动参与，并培养了他们的批判性思维和解决问题的能力。

（3）合作学习和问题导向学习都能够提高学生的参与度，原因在于它们都强调学生的主动性和合作精神。学生在小组中相互交流、协商和合作，共同制定学习目标和计划，分工合作完成任务。他们可以在集体思考和讨论中互相借鉴和启发，同时也需要听取他人的观点和意见，尊重不同的意见。这种参与式的学习环境让学生感到更有动力和兴趣，激发了他们的学习潜能。

2. 学习效果

合作学习和问题导向学习相比于传统的讲授式教学，更有助于促进深度学习和思维发展。这两种教学方法能够激发学生的主动性、批判性思维和创新能力，从而提高学习的质量和效果。

在传统的讲授式教学中，教师通常是知识的主要来源，学生则被动地接收和记忆知识。这种教学方式可能只能达到表面记忆和理解，学生缺乏主动思考和探索的机会，容易陷入机械性的学习模式。然而，合作学习和问题导向学习则能够打破这种局限，推动学生进行深度学习和思维发展。

（1）合作学习鼓励学生之间的互动和合作，通过小组讨论、团队项目等方式，学生们共同参与学习过程。他们可以分享自己的观点和经验，互相借鉴和启发，通过集体思考和讨论来深化对知识的理解。这样的互动与合作不仅能够促进学生的深度学习，还培养了他们的沟通能力、协作能力和团队合作精神。

（2）问题导向学习强调学生通过解决问题来探究和理解知识。教师提出具有挑战性和启发性的问题，激发学生的思考和好奇心。学生们需要自主提出问题、收集信息、分析数据和进行实践，从而深入理解问题的本质和解决方法。这种问题导向的学习方式培养了学生的批判性思维、创新思维和问题解决能力，使他们能够进行更加深入和全面的思考。

（3）合作学习和问题导向学习的特点使得学生在学习过程中不仅仅是被动地接受知识，而是主动地参与、思考和探索。他们通过与同伴的互动和讨论，加深对知识的理解和应用，并能够将所学的知识与实际情境相结合。这样的学习方式促进了学生的思维发展，使他们能够进行深度学习和批判性思考，同时也提高了他们的学习动机和学习效果。

3. 个性化需求

合作学习和问题导向学习相比传统的讲授式教学，更容易满足学生的个性化需求，确保每个学生都有机会参与和发言。这两种教学方法注重学生的主动参与和合作互动，能够根据学生的不同特点和学习风格提供更加灵活和个性化的学习环境。

（1）合作学习鼓励学生之间的互动和合作。学生们在小组中进行讨论、分享和协作，通过集体思考和合作解决问题。这种合作的学习模式为每个学生提供了表达自己观点和意见的机会，让他们能够充分参与到学习过程中。不同类型的学生可以在小组中发挥各自的优势，有机会倾听和学习他人的观点，从而实现个性化的学习和交流。

（2）问题导向学习以问题为导向，引导学生通过解决问题来探究和理解知识。在问题导向学习中，学生们被鼓励自主提出问题、寻找答案，并通过讨论和实践来解决问题。这种学习方式能够激发学生的思维能力和创造力，让每个学生有机会根据自己的兴趣和能力参与到问题解决过程中。同时，教师可以根据学生的个性化需求和学习进展，提供相应的指导和支持，使每个学生都能够得到适合自己的学习体验。

（3）合作学习和问题导向学习的特点使得学生在学习过程中获得了更大的主动权，能够根据自身的需求和兴趣来参与学习。学生们不再是被动地接受知识，而是通过互动、探究和解决问题来深化对知识的理解和应用。这样的学习方式能够满足不同学生的个性化需求，让每个学生都有机会发言、表达和展示自己的想法和观点。

第四章 结构设计生动化

第一节 设计生动有趣的教学结构

一、探讨如何通过思维导图和概念图开启学习

思维导图和概念图是一种有效的学习工具，可以帮助学生整理、组织和深化知识。通过使用思维导图和概念图，学生能够将零散的知识点整合起来，形成更为完整和清晰的认知结构。思维导图和概念图是一种有效的学习工具，可以帮助学生整理、组织和深化知识。通过使用思维导图和概念图，学生能够激发思维和创造力，提高记忆效果，深化对知识的理解和应用。在实际学习中，学生可以根据自己的需求和学科特点，选择适合的图形工具，并灵活运用它们来开启学习。同时，教师也可以引导学生使用思维导图和概念图，培养学生的思维能力和创造性思维，提升他们的学习效果和质量。

（一）思维导图

1. 定义与特点

思维导图是一种以中心主题为核心，通过分支和关联的方式，将相关的概念和观点有机地连接起来的图形工具。它可以帮助学生整理和表达复杂的思维过程，并促进思维的灵活性和创造性。

2. 激发思维

思维导图通过将思维过程可视化，可以激发学生的思维和创造力。学生可以通过思维导图的分支和关联，进行自由联想和扩展，从而形成新的思考路径和观点。

3. 提高记忆

思维导图通过将知识点以图形化的方式组织起来，可以帮助学生更好地理

解和记忆。通过不断重复和回顾思维导图，学生能够加深对知识点的印象，并提高记忆效果。

（二）概念图

1. 定义与特点

概念图是一种以概念为中心，通过连接线和描述性语句来展示概念之间关系的图形工具。它可以帮助学生理清概念之间的逻辑关系和层次结构，促进对知识体系的全面理解。

2. 深化理解

概念图可以帮助学生深化对知识的理解。通过整理和组织概念之间的关系，学生能够更加清晰地认识到不同概念之间的联系和作用，从而加深对知识的理解和应用。

3. 促进创造性思考

概念图可以激发学生的创造性思维。通过在概念图中添加新的概念和关联，学生可以尝试从不同角度思考问题，提出新的观点和解决方案，促进创造性思维的发展。

（三）案例应用

1. 知识整理和总结

学生可以利用思维导图和概念图对知识进行整理和总结，帮助他们形成全面且有机的认知结构。思维导图和概念图是一种可视化工具，能够帮助学生将教材中的重点概念和关键知识点连接起来。

通过思维导图，学生可以将不同的概念和知识点以节点的形式表示，并使用连线表示它们之间的关系。这样的整理方式可以帮助学生更好地理解和记忆知识，同时也能够展示知识的层次和逻辑关系。思维导图还可以帮助学生发现和分析知识之间的联系和相互作用，从而促进深层次的思考和理解。

概念图是一种更加结构化的整理方式，通过使用框和箭头表示概念和关系。学生可以将教材中的主要概念和关键知识点放入框内，并使用箭头表示它们之间的关联。这样的图表可以帮助学生更清晰地看到知识之间的联系和组织结构，从而更好地掌握和运用知识。

　　通过利用思维导图和概念图，学生能够以图形化的方式整合和总结知识。这种整理方式可以帮助学生更好地理解和记忆知识，同时也促进深入思考和批判性思维的培养。此外，通过创建自己的思维导图和概念图，学生还能够加强对知识的归纳和总结，提高学习效果。

　　学生可以利用思维导图和概念图对知识进行整理和总结。这种可视化工具可以帮助学生更好地理解和记忆知识，促进深层次的思考和理解。通过创建自己的思维导图和概念图，学生能够加强对知识的归纳和总结，提高学习效果。

　　2. 学习计划和时间管理

　　学生可以利用思维导图和概念图来制定学习计划和管理时间，帮助他们更好地规划学习进程和追踪学习进度。通过以图形化的方式呈现学习目标、任务和时间分配等信息，学生可以清晰地了解自己的学习计划和时间安排。

　　在制定学习计划时，学生可以使用思维导图将主要学习目标作为中心节点，并在其周围列出需要完成的具体任务或子目标。每个任务可以进一步展开为更详细的子任务，形成一个层次分明的结构。这样的图表可以帮助学生全面把握学习任务，并明确每个任务的优先级和关联性。

　　概念图则可以用于管理时间，学生可以将每个任务或学习活动作为框内的节点，并使用箭头表示它们之间的先后顺序或依赖关系。学生可以根据任务的重要性和紧急程度进行时间分配，并设定适当的截止日期。通过这样的图表，学生可以直观地看到任务的时间安排和先后顺序，从而更好地掌控学习进度和避免拖延。

　　使用思维导图和概念图来制定学习计划和管理时间的好处在于，它们可以帮助学生整合信息、提高可视化思维，并使学习计划更加具体和可行。通过图形化呈现学习目标、任务和时间分配，学生能够更清晰地了解自己的学习进程，从而更有动力和效率地完成学习任务。

　　学生可以利用思维导图和概念图来制定学习计划和管理时间。这种图形化的方式可以帮助学生更好地规划学习进程和追踪学习进度。通过以图形化的方式呈现学习目标、任务和时间分配，学生能够更清晰地了解自己的学习计划和时间安排，提高学习效率和自我管理能力。

3. 创意和项目设计

确实，思维导图和概念图在创意和项目设计中也发挥着重要的作用。学生可以利用这些工具来组织和展示他们的创意和项目的思路、流程和关键要素，从而更好地展现自己的创造性思维和设计能力。

对于创意的生成，学生可以使用思维导图来捕捉和整理各种创意想法。他们可以将主题或问题放在中心节点上，并将不同的创意想法连接到主题节点上。这样的图表可以帮助学生扩展思维，刺激创造力，并形成更丰富和多样化的创意解决方案。

对于项目设计，学生可以使用概念图来规划和展示项目的整体结构和关键要素。他们可以将项目的目标、任务、资源等信息以节点的形式表示，并使用箭头表示它们之间的关系和依赖。通过这样的图表，学生可以清晰地了解项目的流程、时间安排和资源分配，从而更好地组织和管理项目。

除了创意生成和项目设计，思维导图和概念图还可以用于展示和演示创意和项目的思考过程。学生可以使用这些图形化工具来呈现他们的创意演变过程、决策路径和设计思路。这样的展示方式可以帮助他们更清晰地表达和沟通自己的创意和设计思想，让观众更容易理解和接受。

学生可以利用思维导图和概念图在创意和项目设计中进行组织和展示。这些工具可以帮助学生捕捉和整理创意想法，规划和管理项目，展示创意和设计思考过程。通过这样的图形化呈现，学生能够更好地展现自己的创造性思维和设计能力，提高沟通和表达的效果。

（四）优劣比较

思维导图是一种有益的工具，能够激发思维和创造力，提高记忆效果。然而，在使用思维导图时需要注意图形的复杂性和分支之间的关系，需要一定的训练和经验。通过合适的练习和指导，学生们可以更好地利用思维导图来组织和表达信息，从而达到更好的学习效果。

1. 思维导图

（1）优点：思维导图是一种以中心主题为核心，通过分支和关联的方式来展示和组织信息的工具。它具有许多优点，如激发思维和创造力，提高记忆效果，但也存在一些缺点。

思维导图能够激发思维和创造力。通过将信息以图形化的方式呈现，思维导图能够帮助学生更好地理清思路和逻辑关系。学生可以自由地在中心主题周围添加分支，以展开更多的相关想法和细节。这种非线性的思维方式可以激发学生的创造力，促进新的观点和解决问题的方法的产生。

思维导图有助于提高记忆效果。图形和颜色的运用使得信息更加生动且易于记忆。思维导图能够将复杂的知识结构简化为一张图，帮助学生更好地组织和理解知识。通过参与思维导图的制作过程，学生们积极地回顾和整理所学内容，加深对知识的理解和记忆。

（2）缺点：思维导图也存在一些缺点。当图形复杂且分支众多时，可能会导致混乱和困惑。学生们需要具备一定的训练和经验，以有效地组织和展示信息。同时，在思维导图中，不同分支之间的关系需要清晰明了，否则可能会给学生带来误解。

为了克服这些缺点，学生们可以通过练习和实践来提高对思维导图的运用能力。他们可以选择适当的主题、使用简洁的词语和图形，避免过于复杂的结构。此外，教师在指导学生使用思维导图时，可以提供相关的技巧和指导，帮助学生更好地利用思维导图来整理和表达知识。

2. 概念图

概念图是一种促进全面理解和深化对知识认识的有益工具。尽管建立完整和准确的概念图可能需要较多的时间和精力，但通过仔细思考和选择概念，学生们可以有效地构建出有意义的概念图。通过使用概念图，学生们能够更好地组织和理解知识，提高学习效果。

（1）优点：概念图是一种用于展示和组织概念之间关系的图形工具。它具有一些优点，如促进全面理解和深化对知识的认识，但也存在一些缺点。

概念图能够促进全面理解。通过将不同概念以图形和箭头的方式连接起来，概念图可以帮助学生更好地理解概念之间的关系和联系。学生们可以通过构建概念图来整合和归纳所学的知识，从而形成更加完整和系统的理解。这种全面的理解有助于学生将零散的知识点整合起来，形成更深入的认识。

概念图有助于深化对知识的认识。通过制作概念图，学生们需要思考和分析各个概念之间的关系和属性。他们需要思考概念的定义、特征和分类，并通过连接线条来表示它们之间的联系。这个过程迫使学生更深入地思考和理解知识，从而提高了对知识的认识水平。

（2）缺点：建立完整和准确的概念图可能需要较多的时间和精力。学生们需要仔细思考和选择概念，将它们组织和连接起来。有时候，概念之间的关系可能比较复杂，需要进行深入的分析和思考。这可能需要学生们投入更多的时间和精力，以确保概念图的准确性和完整性。

为了克服这些缺点，学生们可以采取一些策略来有效地构建概念图。首先，他们可以选择关键和核心的概念，并将其放置在图的中心位置。然后，通过分析和思考，逐步添加相关的概念和连接线条。此外，学生们也可以利用颜色、形状和图标等方式来区分和表示不同类型的概念。

二、引入故事情境，增加教学内容的生动性和吸引力

故事情境是一种以故事为载体的教学方法，可以帮助教师将抽象的知识点具象化，增加教学内容的生动性和吸引力。通过引入故事情境，教师可以激发学生的兴趣和好奇心，提高他们的参与度和学习效果。故事情境能够激发学生的兴趣和好奇心，帮助他们建立情感联系和认知连接，并促进对知识的深入理解和应用。

（一）情感共鸣

1. 激发兴趣和好奇心

故事情境能够通过引起学生的情感共鸣，激发他们的兴趣和好奇心。一个引人入胜的故事情节可以吸引学生的注意力，让他们主动参与到故事中，并渴望了解故事的发展和结局。

2. 建立情感联系

故事情境可以帮助学生与故事中的角色建立情感联系。学生可以通过情感上的共鸣，更深入地理解故事中的情感体验，从而提高对故事背后的核心概念和价值观的理解。

（二）认知连接

1. 抽象概念具象化

故事情境可以将抽象的概念具象化，使学生更容易理解和记忆。通过将概念嵌入到故事中，学生可以将其与故事情节相联系，形成鲜明的印象，并加深对概念的理解和应用。

2. 构建认知框架

故事情境可以帮助学生构建认知框架，整合和组织知识。通过将不同的知识点融入到故事情节中，学生能够建立知识之间的关联，形成全面而有机的认知结构。

（三）实践应用

1. 角色扮演和模拟

教师可以设计角色扮演和模拟活动，让学生在故事情境中扮演特定角色。学生可以通过亲身体验故事中的情境和冲突，更深入地理解故事背后的概念和价值观。

2. 案例分析和讨论

教师可以引入实际案例作为故事情境，让学生进行案例分析和讨论。学生可以通过对案例的深入剖析，理解案例中的情节和冲突，并探讨背后的原因和解决方案。

3. 创意和项目设计

教师可以鼓励学生在创意和项目设计过程中引入故事情境。学生可以通过构思和设计故事情节，将创意和项目与现实情境联系起来，增加其真实性和可行性。

（四）优势与挑战

1. 优势

激发兴趣和好奇心：故事情境能够吸引学生的注意力，激发他们的兴趣和好奇心。

提高记忆效果：故事情境可以将抽象的概念具象化，帮助学生更好地理解和记忆知识点。

建立认知连接：故事情境可以帮助学生构建认知框架，形成全面而有机的知识体系。

2. 挑战

故事选择和设计：教师需要选择合适的故事情境，并设计引人入胜的情节，以吸引学生的注意力。

桥接故事与知识：教师需要将故事情境与教学内容进行有机的结合，确保故事能够有效地引导学生对知识的理解和应用。

三、分析生动教学结构对学生学习效果的影响

生动教学结构是一种以学生为中心、注重情感体验和互动的教学模式。通过创造丰富多样的教学环境和活动，生动教学结构能够提高学生的参与度和学习效果。

生动教学结构通过激发情感、加深认知和培养能力，对学生的学习效果有着积极的影响。它提供了丰富多样的教学环境和活动，激发学生的兴趣和好奇心，提高学生的参与度和学习效果。在实际教学中，教师应灵活运用生动教学结构，根据学科特点和学生需求，设计吸引人的教学活动和情境，以提高学生的学习效果和质量。

（一）情感激发

1. 激发学习兴趣

生动教学结构能够通过创造有趣和吸引人的教学活动，激发学生的学习兴趣。学生在积极参与的过程中，能够更好地享受学习，提高学习的动机和主动性。

2. 培养积极情感

生动教学结构可以通过情感体验，培养学生的积极情感。例如，通过团队合作、角色扮演等活动，学生能够建立良好的师生关系和同学关系，增强归属感和自信心。

（二）认知加深

1. 多感官参与

生动教学结构能够通过多感官参与，深化学生对知识的理解和记忆。例如，

利用视听资料、实物展示等方式,激发学生多个感官的参与,提高对知识的感知和理解。

2. 概念具象化

生动教学结构可以将抽象的概念具象化,帮助学生更好地理解和应用。通过使用实例、案例分析等方法,将概念融入到实际情境中,使学生能够将抽象的知识与实际问题相联系。

(三)能力培养

1. 主动学习能力

生动教学结构能够培养学生的主动学习能力。通过鼓励学生进行自主探究、小组合作等活动,激发他们的学习热情和学习能力,提高自主学习的能力和意愿。

2. 批判性思维能力

生动教学结构可以培养学生的批判性思维能力。通过提出问题、引导讨论、挑战思维等方式,促使学生主动思考、质疑和分析,从而培养他们的批判性思维和分析能力。

(四)案例应用

1. 视频教学和实地考察

通过引入视频教学和实地考察,学生能够亲身体验和感知相关的情境和现象,加深对知识的理解和记忆。

2. 小组讨论和角色扮演

通过设计小组讨论和角色扮演活动,学生可以在团队中合作、交流和思考问题,提高学习效果和团队合作能力。

3. 案例分析和解决方案设计

通过引入实际案例和问题,学生可以进行案例分析和解决方案设计,培养批判性思维和创新能力。

(五)优势与挑战

1. 优势

(1)提高学习兴趣:生动教学结构激发了学生的学习兴趣和积极性。

（2）增强认知加深：通过多感官参与和概念具象化，加深学生对知识的理解和记忆。

（3）培养学习能力：生动教学结构培养了学生的主动学习能力和批判性思维能力。

2. 挑战

（1）教师准备工作：生动教学结构需要教师进行充分的准备和设计，确保活动能够有效达到教学目标。

（2）学生参与度管理：在生动教学中，学生的参与度可能存在不均衡的情况，教师需要注意引导和管理。

第二节　创造积极互动的学习氛围

一、鼓励学生提问和互动，建立积极的课堂氛围

鼓励学生提问和互动是一种有效的教学策略，可以激发学生的思维和参与度，建立积极的课堂氛围。通过鼓励学生提问和互动，教师能够促进学生的深度学习、批判性思维和自主性发展。

（一）师生互动

1. 倾听和回应

教师应倾听学生的问题和观点，并给予积极的回应。教师可以表达对学生问题的重视和欣赏，鼓励他们敢于提问和分享自己的想法。

2. 提供反馈和引导

教师可以通过提供及时的反馈和引导，帮助学生更好地理解和解决问题。教师可以鼓励学生深入思考，并提出挑战性的问题，促使他们展开更深入的讨论和分析。

（二）小组合作

1. 小组讨论和合作项目

教师可以组织小组讨论和合作项目，鼓励学生在小组中交流和合作。小组

讨论和合作项目能够激发学生的互动和合作意识，培养他们的团队合作能力和批判性思维。

2. 合作评估和反馈

教师可以引入合作评估和反馈机制，让学生相互评价和反馈。这种方式可以促使学生主动参与和负责，并从合作中学习和成长。

（三）技术支持

1. 在线平台和工具

教师可以利用在线平台和工具，为学生提供更多的互动机会。通过在线讨论、问答平台等方式，学生可以随时提问和回答问题，实现与教师和同学之间的即时互动。

2. 互动投影和电子白板

互动投影和电子白板是一种有效的教学工具，可以增强教学中的互动性。教师可以利用互动投影和电子白板进行实时标注、演示和共享，使学生能够更主动地参与课堂活动。

3. 在线资源和多媒体素材

教师可以引入在线资源和多媒体素材，丰富课堂内容和呈现方式。通过使用图片、视频等多媒体素材，教师能够提供更生动、多样化的学习体验，并激发学生的好奇心和探索欲望。

（四）案例应用

1. Socratic（苏格拉底）问答法

教师可以运用 Socratic（苏格拉底）问答法，鼓励学生提出问题，并引导他们进行思考和探究。通过反复追问和讨论，教师能够促使学生深入思考和分析问题。

2. 反转课堂

通过反转课堂的方式，学生可以在课前独立学习相关内容，在课堂上与教师和同学互动和讨论。这种方式可以提高学生参与度和学习效果。

3. 项目展示和分享

教师可以组织学生进行项目展示和分享，让他们向同学和教师展示自己的学习成果和思考过程。这种方式可以鼓励学生积极参与和分享，促进学生之间的互动和交流。

（五）优势与挑战

1. 优势

（1）激发学习兴趣：鼓励学生提问和互动能够激发学生的学习兴趣和参与度。

（2）培养批判性思维：通过互动讨论和合作项目，培养学生的批判性思维和团队合作能力。

（3）创造积极氛围：建立积极的课堂氛围有助于学生的自我表达和自信心的培养。

2. 挑战

（1）学生参与度管理：不同学生的参与度可能存在差异，教师需要灵活运用不同的策略来引导学生的参与。

（2）时间管理问题：鼓励学生提问和互动可能需要更多时间，教师需要合理安排课堂时间，确保学习目标的达成。

二、建立师生和同学之间的合作关系，促进学习

建立师生和同学之间的合作关系是一种重要的教育理念，可以促进学生的学习和发展。在这种合作关系中，教师充当着引导者和支持者的角色，与学生共同探索、讨论和解决问题。同时，同学之间也通过互动和合作，共同学习和成长。

（一）沟通交流

1. 倾听和尊重

教师应倾听学生的观点和意见，并给予尊重和认可。通过真诚的倾听和尊重，教师能够建立起良好的师生关系，增强学生的自信心和参与度。

2. 鼓励表达和反馈

教师应鼓励学生积极表达自己的想法和观点，并提供及时的反馈。通过正面的鼓励和指导，教师能够培养学生勇于表达和思考的能力，促进他们与教师

和同学之间的有效沟通。

（二）团队合作

1. 小组讨论和合作项目

教师可以组织小组讨论和合作项目，让学生在小组中交流和合作。通过小组讨论和合作项目，学生可以共同解决问题、分享经验和知识，培养团队合作能力和批判性思维。

2. 角色分工和互相支持

在团队合作中，教师可以引导学生进行角色分工，并促使他们互相支持和协作。通过明确每个成员的任务和责任，学生可以更好地发挥各自的优势，实现共同目标。

（三）互助支持

1. 同伴学习和互助学习

教师可以鼓励同学之间进行同伴学习和互助学习。学生可以互相交流和分享学习经验、策略和资源，互相帮助和支持，提高学习效果和质量。

2. 合作评估和反馈

教师可以引入合作评估和反馈机制，让学生相互评价和反馈。通过合作评估和反馈，学生可以从同学的角度获得宝贵的建议和意见，改进自己的学习方法和表达能力。

（四）案例应用

1. 项目合作和分享

教师可以组织学生进行项目合作和分享，让他们在小组中共同研究和完成项目，并向同学或教师展示成果。这种方式促进了学生之间的互动和合作，提高了参与度和学习效果。

2. 合作讨论和角色扮演

教师可以设计合作讨论和角色扮演活动，让学生在小组中交流和讨论问题，并扮演不同的角色。通过这种方式，学生能够锻炼团队合作和批判性思维能力。

3. 同伴评价和反馈

教师可以引入同伴评价和反馈机制，让学生相互评价和反馈。通过同伴评价和反馈，学生可以从不同视角获得有益的建议和指导，提高学习质量和效果。

（五）优势与挑战

1. 优势

（1）提高学习效果：建立师生和同学之间的合作关系有助于提高学习效果和深度学习。

（2）培养团队合作能力：通过小组合作和团队项目，培养学生的团队合作能力和批判性思维。

（3）促进自主性发展：建立积极的合作关系有助于激发学生的自主性和主动性。

2. 挑战

（1）管理合作过程：在合作过程中，可能存在合作冲突和管理问题，教师需要引导和解决。

（2）平衡个人与集体：建立合作关系时，需要平衡个人发展和集体利益，确保每个学生都能够得到支持和发展。

三、探索教师角色转变和学生主动参与的策略

随着教育理念的不断演变，教师的角色也发生了转变。传统上，教师扮演着知识传授者的角色，而现在的教师更多地成为学习的引导者和支持者。同时，学生的角色也从被动的接受者转变为主动的参与者。教师角色转变和学生主动参与是现代教育的重要特征。通过创设学习环境、培养自主学习能力和提供支持与指导，教师能够引导学生成为自主学习者和问题解决者。

（一）创设学习环境

1. 建立积极的课堂氛围

教师可以创设积极的课堂氛围，鼓励学生表达意见、分享想法和提出问题。通过鼓励学生的参与和互动，教师能够激发学生的学习兴趣和积极性。

2. 提供多样化的学习资源

教师可以提供多样化的学习资源，包括书籍、互联网资源、多媒体素材等。通过提供丰富的学习资源，教师能够激发学生的好奇心和探索欲望，鼓励他们

主动参与学习。

（二）培养自主学习能力

1. 设计开放性的学习任务

教师可以设计开放性的学习任务，让学生自主选择学习内容和学习方式。通过给予学生更多的自主权，教师能够培养学生的自主学习能力和解决问题的能力。

2. 提供自主学习的支持和指导

虽然教师角色转变为学习的引导者，但仍然需要提供自主学习的支持和指导。教师可以向学生提供学习策略和方法，帮助他们规划学习过程，同时也要关注学生的学习进展，提供必要的支持和反馈。

（三）提供支持与指导

1. 个别辅导和反馈

教师可以进行个别辅导和反馈，根据学生的学习需求和特点，提供个性化的支持和指导。通过与学生的交流和互动，教师能够更好地了解学生的学习情况，针对性地提供帮助和反馈。

2. 引导学生自主解决问题

教师可以引导学生自主解决问题，而不是直接给予答案。通过提问、启发和指导，教师能够激发学生的思考和创造力，培养他们独立解决问题的能力。

（四）案例应用

1. 课堂讨论和小组合作

教师可以通过组织课堂讨论和小组合作活动的方式，鼓励学生在团队中共同探索和解决问题。这种教学方法能够促进学生的主动参与和合作能力的培养，从而提高学习效果和学生的综合素质。

（1）课堂讨论可以为学生提供表达观点和思考问题的机会。通过教师引导或学生自主引导，学生们可以在讨论中分享自己的见解、经验和观点。他们可以互相借鉴和启发，从不同角度思考问题，并通过对话和辩论来深化对知识的理解。这样的课堂讨论环境激发了学生的思维能力和创造力，培养了他们的批判性思维和表达能力。

（2）小组合作活动能够培养学生的合作能力和团队精神。教师可以将学生分成小组，让他们共同完成任务或解决问题。在小组中，学生们需要相互交流、协商和合作，共同制定学习目标和计划，分工合作完成任务。通过这个过程，学生们不仅可以提高自己的沟通能力和协作能力，还可以学会倾听他人的观点和意见，并尊重不同的意见。这种团队合作的经验有助于培养学生的合作意识、领导能力和解决问题的能力。

（3）课堂讨论和小组合作活动也为学生提供了与同伴互动的机会。在这个过程中，学生们可以建立起彼此的关系和信任，共同面对挑战和问题。通过与同伴的互动，学生们能够互相支持和鼓励，共同成长和学习。这样的互动和合作环境不仅促进了学生的主动参与，还培养了他们的社交技能和情感智力。

2. 反转课堂和项目学习

通过反转课堂和项目学习的方式，学生可以在课前独立学习相关内容，在课堂上与教师和同学进行交流和讨论。这种方式鼓励学生主动参与和探索，培养他们的自主学习能力和解决问题的能力。

（1）反转课堂是一种创新的教学方法，它将传统的课堂教学模式进行了颠覆。在传统教学中，教师通常是知识的主要源泉，学生则扮演被动接收的角色。而反转课堂则通过让学生在课前自主学习相关知识，将课堂时间用于交流和讨论，打破了这种传统模式。

（2）学生在课前独立学习相关内容，可以根据自己的学习节奏和兴趣选择学习资源，更好地适应个体差异。他们可以通过阅读教材、观看视频、完成练习等方式来获得知识，并且可以在学习过程中提出问题和解决疑惑。这种独立学习的过程培养了学生的自主学习能力，使他们能够主动掌握知识和技能。

（3）在课堂上与教师和同学进行交流和讨论，可以促进学生之间的互动和合作。学生可以分享他们在独立学习中的发现和理解，提出问题并与教师和同学一起寻找答案。这种交流和讨论的过程激发了学生的思维，培养了他们的批判性思维和解决问题的能力。同时，教师也可以及时了解学生的学习情况，根据需要进行辅导和指导。

3. 学习日志和个别辅导

教师可以要求学生记录学习日志，并定期进行个别辅导。通过学习日志和个别辅导，教师能够了解学生的学习过程和困难，提供个性化的支持和指导。

（1）学习日志是学生对自己学习过程的反思和总结，通过书写学习日志，学生可以记录自己的学习进展、遇到的问题以及解决方法。这种反思的过程有助于学生深入理解所学内容，并且激发他们对学习的兴趣。同时，学习日志也为教师提供了宝贵的信息，教师可以通过阅读学生的学习日志来了解他们的学习状态和困难。

（2）在个别辅导中，教师可以根据学生的学习日志和实际表现，提供个性化的支持和指导。教师可以针对学生的特点和需求，制定相应的学习计划和策略。他们可以与学生一对一地交流，帮助他们解决学习中的困惑和难题。通过个别辅导，教师能够更加全面地了解学生的学习情况，提供更准确的建议和指导。

（3）学习日志和个别辅导的结合可以有效地促进学生的学习进步。学习日志帮助学生梳理思路、发现问题，并且提高自我反思和自我评估的能力。而个别辅导则为学生提供了有针对性的支持和指导，帮助他们克服学习中的困难和挑战。通过学习日志和个别辅导，教师能够更好地关注学生的个体差异，为他们提供个性化的学习体验。

（五）优势与挑战

1. 优势

（1）提高学习效果：教师角色转变和学生主动参与有助于提高学习效果和深度学习。

（2）培养自主学习能力：通过培养自主学习能力，学生能够更好地解决问题和应对挑战。

（3）促进个人发展：教师角色转变和学生主动参与有助于激发学生的创造力和批判性思维，促进个人发展。

2. 挑战

（1）教师专业素养：教师需要具备适应新教育理念的专业素养，熟悉各种引导和支持学生学习的策略。

（2）学生自主性管理：学生在主动参与学习过程中可能面临自主性管理的挑战，需要教师的指导和引导。

第五章　多元化的教学目标

第一节　建立全面多样化的教学目标

一、提出培养学生知识技能、思维方法和情感态度的目标

培养学生知识技能、思维方法和情感态度是现代教育的重要任务。通过创设良好的学习环境、培养学生的思维方法和情感态度，教师能够引导学生全面发展。教育的目标不仅仅是传授知识，还包括培养学生全面发展所需要的知识技能、思维方法和情感态度。这些方面的培养对于学生的未来发展至关重要。

（一）培养学生的知识技能

1. 提供基础知识

教师应该提供学生所需的基础知识，为他们构建知识体系的基础。通过系统的教学和学习活动，学生可以获得并掌握必要的学科知识。

2. 培养信息获取与处理能力

在信息时代，学生需要具备获取和处理信息的能力。教师可以引导学生运用各种工具和资源，培养他们的信息获取和评估能力，使他们能够准确地找到和使用相关的信息。

3. 发展实践技能

除了理论知识，学生还需要掌握实践技能。教师可以设计实践性的学习任务，例如实验、实地考察、社会实践等，让学生通过实践来巩固和应用所学的知识。

（二）培养学生的思维方法

1. 培养批判性思维

教师可以引导学生进行批判性思考，鼓励他们质疑和挑战现有观点。通过

提出问题、分析论证和评估证据，学生能够培养批判性思维和分析问题的能力。

2. 培养创造性思维

创造性思维是培养学生创新能力的关键。教师可以设计启发性的学习任务和活动，鼓励学生提出新颖的想法和解决方案，培养他们的创造性思维和解决问题的能力。

3. 培养合作与沟通能力

合作与沟通是重要的思维方法。教师可以组织学生进行小组合作和讨论活动，让他们学会与他人合作、交流和分享，培养他们的合作与沟通能力。

（三）培养学生的情感态度

1. 培养积极的学习态度

教师应该培养学生积极的学习态度，激发他们的学习兴趣和动力。通过鼓励、赞扬和认可，教师可以增强学生对学习的自信心和热爱。

2. 培养责任感与团队合作精神

教育不仅关注个体的发展，还应培养学生的社会责任感和团队合作精神。教师可以通过项目合作、社区服务等方式，让学生意识到个人的行为和决策对于集体和社会的影响。

3. 培养跨文化意识和价值观

在全球化时代，培养学生的跨文化意识和价值观至关重要。教师可以引入多元文化的内容和活动，让学生了解和尊重不同文化的差异，培养他们的开放思维和包容性。

（四）案例应用

1. 问题解决任务

教师可以设计问题解决任务，让学生运用所学知识和思维方法来解决现实问题。通过这种方式，学生能够将理论知识应用到实际情境中，并培养解决问题的能力。

2. 小组合作与讨论

教师可以组织小组合作和讨论活动，让学生在团队中共同探索和解决问题。这种方式促进了学生之间的互动和合作，培养了他们的合作与沟通能力。

3.社区服务项目

教师可以组织学生参与社区服务项目，让他们关注社会问题，并通过实际行动来改善社区状况。这种方式培养学生的社会责任感和团队合作精神。

（五）优势与挑战

1.优势

（1）全面发展：培养学生知识技能、思维方法和情感态度，有助于他们全面发展。

（2）应对未来挑战：提供学生需要的综合素养，使他们能够应对未来的挑战和变化。

（3）持续学习能力：培养学生的知识技能和思维方法，为他们建立终身学习的基础。

2.挑战

（1）个体差异：学生在知识技能、思维方法和情感态度方面存在差异，教师需要灵活运用不同策略来满足学生的需求。

（2）教师专业素养：教师需要具备适应新教育理念的专业素养，熟悉各种培养学生全面发展的策略和方法。

二、强调发展学生创新意识和解决问题的能力

在当今快速变化的社会中，学生需要具备创新意识和解决问题的能力，以适应未来的挑战和机遇。创新意识是培养学生创造力和创新思维的关键，而解决问题的能力则是学生在面对各种复杂情境时所需具备的核心能力。强调发展学生创新意识和解决问题的能力是现代教育的重要任务。通过培养创新意识，教师可以激发学生的创造力和创新思维；通过培养解决问题的能力，学生能够更好地应对各种复杂情境。教师应灵活运用这些策略，设计适合的学习任务和活动，以促进学生的创新意识和解决问题的能力的发展。通过持续的鼓励和支持，学生能够获得积极的创新意识和强大的解决问题的能力，为未来的发展打下坚实的基础。

（一）培养创新意识

1. 培养开放思维

教师可以通过启发性问题、创意活动和思维导图等方式，培养学生的开放思维。开放思维能够激发学生的好奇心和探索欲望，促使他们寻找新颖的想法和解决方案。

2. 鼓励尝试和失败

创新是一个不断尝试和失败的过程。教师应鼓励学生勇于尝试，并接受失败作为学习和改进的机会。通过鼓励学生追求创新，并给予他们支持和反馈，可以培养学生的创新意识和勇于创新的精神。

（二）培养解决问题的能力

1. 引导系统思考

教师可以引导学生从多个角度思考问题，并分析问题的本质和因果关系。通过引导学生进行系统思考，他们能够更好地理解和解决复杂问题。

2. 培养批判性思维

批判性思维是解决问题的重要能力之一。教师应鼓励学生质疑和评估信息，分析问题的各种可能性，并采取合理的行动方案。

3. 提供解决问题的策略和工具

教师可以向学生介绍一些解决问题的策略和工具，例如 SWOT 分析、决策树、5W1H 法等。通过提供这些工具和方法，学生能够更加系统和有效地解决问题。

（三）案例应用

1. 项目式学习

教师可以设计项目式学习活动，让学生通过自主探索和合作实践来解决现实问题。在项目中，学生需要运用创新意识和解决问题的能力，找到创新的解决方案。

2. 案例分析

教师可以引入实际案例，让学生进行深入的案例分析和解决方案的提出。通过分析真实的问题和情境，学生能够培养批判性思维和解决问题的能力。

3. 创新活动和比赛

教师可以组织创新活动和比赛，鼓励学生提出创新的想法和解决方案。通过参与这些活动，学生能够锻炼创新意识和解决问题的能力，并从中获得实践经验和反馈。

（四）重要性与挑战

1. 重要性

（1）适应未来需求：发展学生创新意识和解决问题的能力，有助于他们在未来社会中适应变化和面对挑战。

（2）培养全面素养：创新意识和解决问题的能力是学生综合素养的重要组成部分，能够培养学生的创造力、批判性思维和协作能力。

（3）促进个人发展：发展学生创新意识和解决问题的能力，有助于激发学生的潜能和个人发展。

2. 挑战

（1）教师专业素养：教师需要具备创新思维和解决问题的能力，并灵活运用不同策略来促进学生的发展。

（2）学生心理压力：在培养学生创新意识和解决问题的过程中，学生可能面临失败和挫折，教师需要给予适当的支持和引导。

三、分析多元化教学目标对学生综合发展的意义

多元化教学目标是指在教育过程中，为学生设定多样化的学习目标，旨在促进他们在知识、技能、态度和价值观等方面的综合发展。传统的教育目标主要注重知识传授，而多元化教学目标更加关注学生的全面素养和个性发展。

多元化教学目标对学生综合发展具有重要意义。它可以培养学生的创造力、适应能力、健康人格和社会责任感，为他们未来的成长和发展打下坚实的基础。教师还应关注学生的学习进展和困难，并提供必要的支持和指导。通过多元化教育目标的实施，学生将能够全面发展，并成为具有创新意识、解决问题能力和社会责任感的综合素养人才。

（一）培养创造力

创造力是一种能够独立思考、提出新颖观点和创造新事物的能力。在多元化教学中，教师可以设定鼓励创新和创造的目标，例如要求学生设计并实施一个创新项目或者解决一个现实问题。这样的目标鼓励学生去思考和挑战传统观念，激发他们的创造力和创新意识。

通过实践和探索，学生有机会不断尝试新的方法和想法。他们可以尝试各种可能性，通过实验和失败来寻找最佳解决方案。这种实践中的探索过程培养了学生的解决问题的能力和创造性思维。学生学会从不同的角度思考问题，寻找非传统的解决方案，从而培养了创新思维和创造力。

培养学生的创造力对于他们的综合发展具有积极的意义。在未来社会中，面临复杂多变的挑战和问题，创造力成为了一种重要的素质。具备创造力的学生能够更好地应对未知情境和变化，提出创新的解决方案，并且有能力主导自己的学习和生活。创造力还能够激发学生的热情和动力，增强他们对学习的兴趣和自信心。

通过设置鼓励创新和创造的目标，多元化教学可以有效地培养学生的创造力。教师在教学中注重启发学生思考、提供探索性的学习机会，并且鼓励他们勇于尝试和表达独特的观点。这样的教学方式不仅能够促进学生的学术成就，还能够培养他们的创造力和创新思维，为他们未来的发展打下坚实基础。

（二）提高适应能力

多元化教学目标有助于提高学生的适应能力。通过设置具有挑战性和多样性的学习目标，学生能够接触到不同类型的知识、技能和情境。他们需要适应不同的学习方式和环境，培养了灵活性、适应性和变通性。

在多元化教学中，教师可以设定各种类型的学习目标，涵盖不同的学科领域和技能要求。例如，一个学习目标可以是培养学生的创造力和创新思维；另一个目标可以是提高学生的合作和沟通能力；还可以设定目标让学生掌握特定的技术或应用工具。这样的多样性目标要求学生在不同的学习任务中进行适应和调整，从而培养了他们的适应能力。

通过面对不同类型的学习任务，学生需要运用不同的学习策略和方法。他们可能需要采用不同的学习资源和工具，与不同的人合作，运用不同的解决问题的方法。这种灵活性和适应性的培养使得学生能够更好地适应快速变化的学习环境和社会环境。

适应能力对于学生未来的发展具有重要意义。在现代社会中，技术、行业和职业都在不断变化和发展。学生需要具备灵活性和适应性，以适应这种快速变化的环境。他们需要不断学习新知识和掌握新技能，同时也需要调整自己的思维方式和工作方式。通过多元化教学目标的培养，学生能够更好地适应未来的社会和职业环境，提高自己的竞争力。

多元化教学目标对于提高学生的适应能力具有积极的影响。它帮助学生接触到各种类型的学习任务，培养了他们的灵活性、适应性和变通性。这种适应能力对于学生未来面临的快速变化的社会和职业环境具有重要意义，为他们的综合发展打下坚实的基础。

（三）塑造健康人格

多元化教学目标可以帮助塑造学生健康的人格。除了注重学术成就，教育也关注学生的道德品质、情感态度和社交能力等方面的发展。通过设定目标，如培养学生的团队合作能力、价值观和社交技巧，教师可以引导学生在道德、情感和社交方面进行全面发展。这有助于学生形成积极向上的人格特质，建立健康的人际关系。

在多元化教学中，教师可以设定目标来培养学生的道德品质和价值观。例如，通过开展讨论和案例研究，教师可以引导学生思考伦理问题，并促使他们形成正确的道德判断和行为准则。同时，教师还可以通过课堂活动和实践项目，培养学生的团队合作能力和领导才能，使他们懂得尊重和包容他人的不同观点和文化背景。

情感态度也是一个重要的人格维度。教师可以设定目标，鼓励学生培养积极乐观的情感态度，提高情绪管理和应对压力的能力。例如，教师可以组织情感教育课程，帮助学生了解情绪表达和情感调节的方法，培养他们的情商和自我认知。

社交能力是学生人格发展的重要组成部分。通过设定目标，如提高学生的沟通技巧、合作能力和解决冲突的能力，教师可以帮助学生建立健康的人际关系。教师可以采用小组合作、角色扮演等教学方法，让学生在实践中锻炼社交技巧，并且培养他们的同理心和互助精神。

通过多元化教学目标的设定，学生在学习过程中不仅获得学术知识，还能够全面发展自己的人格。这种综合性的发展有助于学生形成积极向上的人格特质，具备良好的道德品质、情感态度和社交能力。这样的人格特质使学生能够更好地适应社会环境，建立健康的人际关系，为未来的个人和职业发展奠定坚实的基础。

（四）促进社会责任感

多元化教学目标还可以促进学生的社会责任感。通过设定目标，如培养学生的公民意识、社会参与和环保意识，教师可以引导学生关注社会问题并积极参与社会活动。学生在实践中体验到社会责任的重要性，培养了为社会作出贡献的意识和行动能力。

教师可以通过设置目标来激发学生的公民意识和社会参与。例如，通过开展社区服务项目或参与志愿者活动，学生可以亲身体验到自己的行动对社会的影响，并且意识到每个人都有责任为社会作出贡献。这样的目标设定鼓励学生主动参与社会事务，关注他人的需要并提供帮助。

环境保护意识也是培养学生社会责任感的重要方面。教师可以设定目标，引导学生理解环境问题的重要性，并提倡可持续发展的观念。通过开展环境保护项目、进行垃圾分类等活动，学生可以深入了解环境保护的重要性，并且积极参与保护环境的行动。这种目标设定使学生意识到自己的责任，激发他们为环境负责的意识和行动。

通过多元化教学目标的设定，学生能够在学习过程中体验到社会责任的重要性，并且培养了为社会作出贡献的意识和行动能力。这种社会责任感有助于学生树立正确的价值观和人生观，使他们关心他人、关注社会问题，并积极参与解决问题的行动。这样的社会责任感不仅对学生个人的发展有益，也有助于建设一个更加和谐、公正和可持续的社会。

（五）案例应用

1. 创新项目

教师可以组织创新项目，鼓励学生提出创新的想法和解决方案。通过这样的项目，学生能够锻炼创造力、合作能力和解决问题的能力。

2. 社区服务活动

教师可以组织学生参与社区服务活动，让他们关注社会问题并积极参与改善社区状况的行动。这样的活动有助于培养学生的社会责任感和团队合作精神。

3. 个人发展计划

教师可以与学生一起制定个人发展计划，帮助他们设定个人目标，并提供支持和指导。这样的计划可以促进学生全面发展，培养他们的自我管理能力和自主学习能力。

（六）优势与挑战

1. 优势

（1）全面发展：多元化教学目标能够促进学生的全面发展，培养他们在不同领域和维度的能力和素质。

（2）个性发展：教育注重多元化目标，可以更好地满足学生个性化需求，鼓励他们发展自己的优势和特长。

（3）适应未来需求：多元化教学目标有助于提高学生适应未来社会和职业需求的能力。

2. 挑战

（1）教师专业素养：教师需要具备灵活运用多元化教学目标的能力，并了解不同学生的需求和背景，以满足他们的个性化发展。

（2）教育资源和环境：实施多元化教学目标需要充足的教育资源和良好的教育环境，这对一些资源匮乏的地区和学校可能是一个挑战。

第二节　培养学生多方面的数学能力

一、探讨数学应用和实际问题解决能力的培养

数学是一门重要的学科，它不仅具有理论性质，还广泛应用于各个领域。为了提高学生的数学素养和综合能力，培养他们解决实际问题的能力是至关重要的。

数学应用和实际问题解决能力的培养对于学生的综合发展具有重要意义。通过培养数学思维、跨学科融合和现实情境应用，学生能够将数学知识与实际情境相结合，提高他们的数学应用能力和实际问题解决能力。

（一）培养数学思维

1. 培养抽象思维

数学是一门抽象的学科，培养学生的抽象思维对于数学应用和问题解决能力至关重要。教师可以通过引入符号、公式和模型等概念，让学生从具体情境中抽象出数学规律和原理，提高他们的抽象思维能力。

2. 培养逻辑思维

逻辑思维是数学推理和问题解决的基础。教师可以设计逻辑推理的学习任务和活动，让学生运用数学知识和逻辑规则来解决问题。通过培养逻辑思维，学生能够更好地理解和应用数学概念。

（二）跨学科融合

1. 数学与科学的融合

数学与科学有着密切的联系，教师可以将数学知识与科学实验和观察相结合，让学生在解决实际问题的过程中运用数学方法。通过这种跨学科融合，学生能够更好地理解数学的应用价值，并提高解决实际问题的能力。

2. 数学与技术的融合

随着科技的发展，数学与技术的融合变得越来越重要。教师可以引入计算机编程、数据分析和模拟等技术工具，让学生通过数学建模和计算来解决实际

问题。这样的跨学科融合有助于培养学生的创新能力和解决复杂问题的能力。

（三）现实情境应用

1. 引入实际案例和问题

教师可以引入实际案例和问题，让学生将数学知识应用到实际情境中。通过解决实际问题，学生能够更好地理解数学的实际应用和解决问题的意义。

传统上，数学被视为一门抽象的学科，学生常常难以将所学的数学知识与实际生活联系起来。然而，通过引入实际案例和问题，教师可以帮助学生认识到数学在日常生活中的广泛应用。

教师可以选择与学生生活密切相关的实际案例，如购物、旅行、投资等，并结合相应的数学概念和技巧。例如，在购物方面，教师可以让学生计算商品的优惠价格、折扣率或增值税；在旅行方面，可以让学生计算路程时间、油耗和费用等。通过这些实际案例，学生能够将数学知识应用于实际情境中，更好地理解数学的实用性和重要性。

解决实际问题不仅可以帮助学生加深对数学知识的理解，还培养了他们的问题解决能力和逻辑思维能力。学生需要分析问题、收集和整理相关数据，并运用数学知识进行计算和推理。这样的实际问题解决过程激发了学生的思维，让他们学会将抽象的数学概念转化为实际操作和解决方案。

引入实际案例和问题是一种有效的教学策略，可以帮助学生将数学知识应用到实际情境中，加深对数学的理解，培养解决问题的能力和创新思维。这样的教学方法使学生更加意识到数学在现实生活中的重要性和应用价值，激发了他们对数学学习的兴趣和动力。

2. 实践性学习任务

教师可以设计实践性学习任务，例如实验、调查和建模等，让学生在实际情境中运用数学知识进行探索和解决问题。这样的实践性学习能够培养学生的实际操作能力和解决问题的能力。

通过实践性学习任务，学生有机会亲身参与实验、调查或建模活动，从而将抽象的数学概念与实际情境相结合。例如，在物理实验中，学生可以通过测量和记录数据，应用数学知识来分析和解释实验结果。在调查研究中，学生可以收集和分析实际数据，并运用统计学方法来得出结论。在建模项目中，学生可以根据实际问题建立数学模型，并利用模型进行预测和优化。

通过这样的实践性学习任务，学生不仅能够运用数学知识解决实际问题，还能够培养实际操作能力。他们需要进行实际测量、数据收集和处理，运用数学工具和技巧进行计算和分析。这种实践性学习过程激发了学生的兴趣和主动性，使他们更加深入地理解数学的实际应用和解决问题的能力。

实践性学习还培养了学生的解决问题的能力和创新思维。在实际情境中，学生需要面对复杂的问题和挑战，思考并应用数学知识来寻找解决方案。他们需要运用创造性思维和灵活性，尝试不同的方法和策略。通过这样的实践性学习，学生能够培养解决问题的能力、批判性思维和创新意识，为他们未来的发展打下坚实基础。

设计实践性学习任务是一种有效的教学策略，可以帮助学生将数学知识与实际情境相结合，培养实际操作能力和解决问题的能力。这样的实践性学习激发了学生的兴趣和动力，加深了对数学的理解，并且培养了他们的创新思维和实践能力。

（四）案例应用

1. 实际测量与数据分析

教师可以引导学生进行实际测量和数据收集，并通过数学方法对数据进行分析和解释。通过这样的案例应用，学生能够将数学知识与实际情境相结合，提高他们的数据处理和问题解决能力。

2. 金融投资与风险评估

教师可以引入金融投资和风险评估的案例，让学生运用数学方法来分析和评估不同投资方案的风险和回报。通过这样的案例应用，学生能够理解和应用数学在金融领域的实际应用。

3. 建模与优化

教师可以引导学生进行建模和优化的学习任务，让他们在实际问题中构建数学模型，并通过优化方法寻求最佳解决方案。通过这样的案例应用，学生能够培养建模和优化的能力，提高他们的问题解决能力。

（五）优势与挑战

1. 优势

（1）实际应用：数学应用和实际问题解决能力的培养能够将数学知识与实际情境相结合，提高学生的学习兴趣和应用能力。

（2）综合素养：培养学生的数学应用和实际问题解决能力有助于他们综合素养的提升，包括创造力、逻辑思维和跨学科融合能力等。

（3）未来就业需求：数学应用和实际问题解决能力是未来社会和职场对人才的基本要求，对学生的个人发展具有重要意义。

2. 挑战

（1）教师专业素养：教师需要具备灵活运用数学应用和解决问题能力培养策略的能力，并了解不同学生的需求和背景，以满足他们的个性化发展。

（2）教育资源和环境：实施数学应用和实际问题解决能力的培养需要充足的教育资源和良好的教育环境，这对一些资源匮乏的地区和学校可能是一个挑战。

二、强调数学沟通和表达能力的重要性

数学作为一门抽象的学科，常常被认为是冷漠和孤立的。然而，数学沟通和表达能力在学生数学学习和综合能力的培养中扮演着重要的角色。数学沟通和表达能力不仅有助于学生理解和应用数学概念，还培养了他们的逻辑思维、创造力和团队合作精神。数学沟通和表达能力的重要性不容忽视。数学沟通和表达能力有助于提高学生的数学学习效果和综合能力。

（一）提高问题解决能力

1. 清晰表达问题

数学沟通和表达能力要求学生能够清晰地表达问题。通过有效的问题陈述和描述，学生能够更好地理解问题的本质和要求，从而有针对性地采取相应的解决方法。

2. 解释解决过程

数学沟通和表达能力要求学生能够准确地解释解决数学问题的过程。通过

语言和符号的组合运用，学生能够清楚地阐述解题思路、方法和步骤，使他人能够理解并重现解决问题的过程。

3. 表达数学推理

数学沟通和表达能力要求学生能够清晰地表达数学推理。学生应该能够使用逻辑语言和数学符号来解释数学推理的过程，从而使得自己的论证更加准确和有说服力。

（二）促进合作与交流

1. 小组合作

数学沟通和表达能力培养了学生的团队合作精神。在小组合作中，学生需要相互交流和讨论，共同解决数学问题。通过合作学习，学生能够从不同角度和思维方式中获得启发和帮助。

2. 同伴评价

数学沟通和表达能力要求学生参与同伴评价。学生可以相互交流并提供反馈，帮助彼此改进数学表达的准确性和清晰度。这样的交流和反馈促进了学生的思考和学习进步。

3. 学术交流

数学沟通和表达能力还包括学术交流的能力。学生应当能够参与数学学术讨论和演示，向他人展示自己的数学思维和解决问题的方法。通过学术交流，学生能够提高自信心和学术素养。

（三）培养批判性思维

1. 分析他人观点

数学沟通和表达能力要求学生能够分析他人的数学观点和论证。学生应该能够评估他人的论据和推理是否合理，并提出有根据的批评和建议。

2. 自我评估与反思

数学沟通和表达能力还要求学生能够对自己的数学表达进行评估和反思。学生应该能够意识到自己的数学表达中存在的不足和错误，并主动改进。

3. 探究多样化观点

数学沟通和表达能力培养了学生探究多样化观点的能力。学生应该能够接受和尊重不同的数学观点和解决问题的方法，并从中获取新的思路和见解。

（四）案例应用

1. 学术报告与演示

教师可以组织学生进行学术报告和演示，让他们向他人展示数学思维和解决问题的方法。通过这样的案例应用，学生能够提高自己的数学沟通和表达能力。

2. 小组讨论与合作解题

教师可以组织小组讨论和合作解题活动,让学生相互交流和分享解题思路。通过这样的案例应用，学生能够培养团队合作和数学沟通的能力。

3. 数学辩论与批判性思维

教师可以组织数学辩论和讨论活动，让学生在辩论中表达自己的观点，并进行批判性思考和评价。通过这样的案例应用，学生能够培养批判性思维和数学表达能力。

（五）优势与挑战

1. 优势

（1）综合素养：数学沟通和表达能力培养了学生的语言表达、逻辑思维和合作能力，提升了他们的综合素养。

（2）解决问题能力：数学沟通和表达能力有助于学生更好地理解和解决数学问题，提高他们的问题解决能力。

（3）学术发展：数学沟通和表达能力培养了学生参与学术交流和研究的能力，促进了他们在数学领域的学术发展。

2. 挑战

（1）教师指导：教师需要具备相应的专业素养和教学策略，以引导学生有效地进行数学沟通和表达。

（2）学生心理压力：一些学生可能对数学沟通和表达感到不自信或害怕，教师需要给予适当的支持和指导。

三、提供培养学生多方面数学能力的教学策略和方法

培养学生多方面的数学能力是现代教育的重要目标之一。除了传授数学知

识，教师还应注重培养学生的问题解决能力、创造力、沟通能力和合作精神等综合能力。

（一）启发性问题

1. 提出挑战性问题

教师可以通过提出挑战性问题，激发学生的好奇心和求知欲望。这些问题可以涉及现实生活中的数学应用或与其他学科的交叉内容有关。学生在探索解决问题的过程中，不仅能够提高数学思维能力，还能培养他们的创造力和解决问题的能力。

2. 推动深入思考

教师可以引导学生进行深入思考和讨论，鼓励他们提出自己的观点和解决方法。通过批判性思考和反思，学生能够更好地理解和应用数学概念，培养他们的逻辑思维和分析能力。

（二）项目学习

1. 设计开放性项目

教师可以设计开放性项目，让学生自主探索和合作实践。这些项目要求学生从多个角度考虑问题，运用数学知识进行建模和分析，并提出创新的解决方案。通过项目学习，学生能够培养创造力、沟通能力和团队合作精神。

2. 引导实践与反思

在项目学习中，教师应引导学生进行实践和反思。学生需要运用数学知识进行实际操作和观察，并及时反思和调整解决方法。这样的实践和反思有助于学生将抽象的数学概念与实际情境相结合，提高他们的问题解决能力。

（三）实践应用

1. 数学模型和仿真

教师可以引入数学模型和仿真工具，让学生运用数学知识进行实际问题的建模和仿真。学生能够通过模拟和实验，验证和优化数学模型，进一步提高他们的问题解决能力和创造力。

2. 数学应用于实际情境

教师可以引导学生将数学应用于实际情境中，如金融、环境保护、交通规划等领域。通过实际案例的分析和解决，学生能够更好地理解数学在现实生活中的应用，并提高他们的沟通能力和社会责任感。

（四）评估与反馈

1. 多元化评估方式

教师可以采用多元化的评估方式，包括项目展示、口头报告、书面作品和小组合作等形式。这样的评估方式能够全面了解学生的综合能力和潜力，为他们提供有针对性的反馈和指导。

2. 鼓励自我评价与反思

教师应鼓励学生进行自我评价和反思，让他们意识到自己的优点和不足，并制定改进计划。学生通过自我评价和反思，能够提高自我管理能力和学习动机，从而更好地发展数学能力。

（五）优势与挑战

1. 优势

（1）综合素养：培养学生多方面数学能力能够提高他们的综合素养，包括问题解决能力、创造力、沟通能力和团队合作精神等。

（2）实际应用：通过教学策略和方法的运用，学生能够将数学知识应用于实际情境中，增强数学在现实生活中的意义和价值。

（3）个性发展：多方面数学能力培养了学生的自主学习和个性发展能力，使他们能够根据自身特点选择适合自己的数学学习路径。

2. 挑战

（1）教师专业素养：教师需要具备相应的专业知识和教学策略，以有效地促进学生多方面数学能力的发展。

（2）学生心理压力：一些学生可能对开放性项目和实践应用感到不自信或害怕，教师需要给予适当的支持和引导。

第六章　互动型的师生关系

第一节　建立平等互动的师生关系

一、强调师生互动的开放性和包容性

师生互动是教育中至关重要的一环，它对于学生的学习效果和综合发展具有重要影响。开放性和包容性的师生互动能够促进学生的积极参与、个性发展和自主学习能力的培养。

（一）尊重学生

1. 了解学生需求

教师应该了解学生的需求、背景和兴趣，为他们提供个性化的学习支持。通过了解学生的差异性和特点，教师能够更好地满足学生的学习需求，激发他们的学习动机和兴趣。

2. 尊重学生观点

教师应该尊重学生的观点和意见，鼓励他们表达自己的想法。在课堂上，教师可以引导学生进行讨论和交流，为他们提供展示自己观点的机会。这样的尊重能够增强学生的自信心和参与度。

（二）倾听和反馈

1. 倾听学生需求

教师应该倾听学生的需求和问题，给予他们足够的关注和支持。通过倾听学生的声音，教师能够更好地了解学生的困难和挑战，及时提供必要的指导和帮助。

倾听学生的需求和问题是一种关注和尊重学生的表现。教师可以设立多种渠道，如课堂讨论、个别会谈、在线平台等，让学生有机会表达他们的想法、

疑问和困难。教师需要保持开放的心态，耐心倾听学生的意见和反馈，不仅关注学术方面的问题，还关心学生的情感和社交需求。

通过倾听学生的声音，教师能够更好地了解学生的困难和挑战。学生可能面临学习内容理解困难、时间管理问题、考试压力等各种问题。教师可以通过与学生交流和沟通，了解他们的具体情况，并提供相应的支持和指导。这种关注和支持有助于学生克服困难，提高学习效果和自信心。

教师的关注和支持还可以激发学生的积极性和参与度。当学生感受到教师的关注和支持时，他们更愿意积极参与课堂活动，提出问题和分享观点。这种互动和合作有助于激发学生的思维，培养他们的批判性思维和解决问题的能力。

通过倾听学生的声音，教师还可以获得宝贵的反馈信息，用于调整和改进教学策略。学生的意见和反馈可以帮助教师了解自己的教学效果，发现教学中的不足之处，并做出相应的调整。这样的反馈循环有助于提高教学质量和满足学生的需求。

教师应该倾听学生的需求和问题，给予他们足够的关注和支持。这种关注和支持有助于了解学生的困难和挑战，提供必要的指导和帮助。同时，倾听学生的声音还能够激发他们的积极性和参与度，促进教学的改进和提高。

2. 及时反馈和指导

教师应该给予学生及时的反馈和指导，帮助他们纠正错误、改进学习方法，并鼓励他们进一步发展。反馈不仅应关注学生的成绩，还应关注他们的过程和努力，以激发他们的积极性和自主学习能力。

及时的反馈对于学生的学习非常重要。通过及时反馈，学生可以了解自己的学习情况，知道自己在哪些方面做得好，哪些方面需要改进。教师可以通过口头或书面形式给予学生具体的反馈，指出他们的错误和不足之处，并提供相应的建议和指导。这样的反馈帮助学生意识到自己的问题，并有针对性地进行改进和提高。

教师应该关注学生的学习过程和努力。教师可以赞扬学生的努力和进步，鼓励他们继续努力。这样的肯定和鼓励激发了学生的积极性和自信心，让他们更加投入学习并持续努力。教师可以通过定期的个别会谈或小组讨论，与学生交流他们的学习进展和目标，共同制定改进计划和学习策略。

教师应该培养学生的自主学习能力。通过鼓励学生自主评估和反思，教师可以帮助他们独立思考和解决问题。教师可以提供学习资源和工具，引导学生自主学习和探索，培养他们的自主学习能力和解决问题的能力。这种自主学习的过程使学生更加主动参与和掌握知识，增强了他们的学习动机和兴趣。

教师应该给予学生及时的反馈和指导，帮助他们纠正错误、改进学习方法，并鼓励他们进一步发展。这样的反馈不仅关注学生的成绩，还关注他们的过程和努力，以激发他们的积极性和自主学习能力。通过建立良好的反馈机制，教师能够更好地支持学生的学习，促进他们全面发展。

（三）建立良好关系

1. 建立信任关系

教师应该与学生建立信任关系，让学生感到舒适和安全。通过与学生的交流和合作，教师能够获得学生的信任，并激发他们更积极地参与课堂活动和学习。

2. 鼓励合作与互助

教师应该鼓励学生之间的合作与互助，营造良好的学习氛围。合作学习能够促进学生之间的交流和互动，培养他们的团队合作精神和社交技巧。

（四）案例应用

1. 小组讨论与合作学习

教师可以组织小组讨论和合作学习活动，鼓励学生之间的互动和合作。通过这样的案例应用，学生能够积极参与课堂，发表自己的观点并倾听他人的意见。

2. 学生反馈与自我评价

教师可以引导学生进行反馈和自我评价，让他们分享对课堂的感受和建议。通过这样的案例应用，学生能够更好地参与课堂管理和决策，并培养自我反思和学习改进的能力。

3. 师生互动活动

教师可以设计各种师生互动活动，如角色扮演、辩论和问答等，增强师生之间的交流和合作。通过这样的案例应用，学生能够与教师建立更紧密的关系，并提高他们的沟通能力和批判性思维。

（五）优势与挑战

1. 优势

（1）学习动机：开放性和包容性的师生互动能够激发学生的学习动机和兴趣，促进他们更积极地参与课堂活动和学习。

（2）自主学习：师生互动的开放性和包容性有助于培养学生的自主学习能力，让他们主动探索和构建知识。

（3）综合素养：通过师生互动，学生不仅可以提高学科知识水平，还能培养沟通能力、合作精神和批判性思维等综合素养。

2. 挑战

（1）教师专业素养：教师需要具备相应的专业知识和教学策略，以有效地促进开放性和包容性的师生互动。

（2）学生参与度：一些学生可能对开放性和包容性的师生互动感到不自信或害怕，教师需要给予适当的支持和引导。

二、探讨学生参与决策和规划的权利

学生是教育的主体，他们对于学校事务和学习环境具有直接的影响。为了促进学生的积极参与和个性发展，给予学生参与决策和规划的权利是至关重要的。

（一）学校管理

1. 学校规章制度的制定

学生作为学校的一员，应该有权参与学校规章制度的制定。学生可以通过代表团体或学生会等形式，参与学校规章制度的讨论和决策过程。这样的参与能够提高学生对规章制度的认同感和遵守意愿。

2. 学校活动的策划与组织

学生应该有机会参与学校活动的策划与组织。学校可以鼓励学生提出活动方案，并组织学生在活动中扮演重要角色。这样的参与能够增强学生的责任感和领导能力，培养他们的组织和协调能力。

（二）课堂教学

1. 课程设置与内容安排

学生应该有权参与课程设置与内容安排的决策过程。学校可以开展课程调查和需求分析，听取学生的意见和建议，根据实际情况进行课程调整和改进。这样的参与能够提高学生对课程的主动性和学习兴趣。

学生在课程设置和内容安排方面具有独特的视角和需求。他们更了解自己的学习兴趣、优势和需求。因此，学生应该被视为课程设计和改进的重要参与者。学校可以通过开展课程调查和需求分析的方式，收集学生对课程的看法和建议。教师和学校管理层可以结合学生的反馈，制定更加符合学生需求的课程内容和学习目标。

学生参与课程决策的过程不仅提高了学生的参与度和满意度，还能够激发他们的学习兴趣和主动性。当学生感受到自己的声音被尊重和采纳时，他们会更加投入学习并积极参与课堂活动。这种参与培养了学生的责任感和自主学习能力，使他们更有动力去探索和深入学习。

学生参与课程决策也有助于满足不同学生群体的需求。不同学生具有不同的兴趣、天赋和学习风格。通过听取学生的意见和建议，学校可以更好地了解每个学生的需求，并根据实际情况进行差异化的课程设计和内容安排。这样的个性化教育有助于激发学生的潜能和提高学习效果。

学生应该有权参与课程设置与内容安排的决策过程。学校可以通过开展课程调查和需求分析，听取学生的意见和建议，从而制定更加符合学生需求的课程。学生的参与能够提高他们的主动性和学习兴趣，促进个性化教育的实施。这种学生参与的模式有助于建立积极的学习环境，提高学生的学业成就和综合素质发展。

2. 学习评价与反馈

学生应该参与学习评价与反馈的过程。教师可以与学生一起制定评价标准和方法，并让学生参与评价结果的解读和反思。这样的参与能够激发学生的自我认知和学习动机，促进他们的学习成长。

学生参与学习评价的过程有助于提高他们对自己学习情况的了解和认知。通过与教师共同制定评价标准和方法，学生能够更清楚地知道什么是期望的学习表现，以及如何评估自己的学习成果。他们可以参与评价过程中的自我评估和同伴评估，从不同角度审视自己的学习，发现自己的优势和改进的方向。

学生参与评价还能够激发他们的学习动机和责任感。当学生意识到自己对学习过程和结果负有责任时，他们会更加积极主动地投入学习。学生参与评价过程中的自主性和自我反思，培养了他们对自己学习的责任感和掌控力。他们会更加关注自己的学习进展，寻求改进和提高的机会。

通过参与评价和反馈的过程，学生能够发展自我认知和反思能力。他们可以参与评价结果的解读和分析，了解自己的优势和改进的空间。学生可以参与制定改进计划，并在日常学习中应用这些反馈意见。这样的反馈和反思有助于学生逐步提高学习策略和方法，实现持续的学习成长。

学生参与评价还能够促进教师与学生之间的互动和沟通。通过评价过程中的讨论和反馈，教师可以更好地了解学生的学习需求和困难，为他们提供个性化的指导和支持。这种教师与学生之间的合作和互动，建立了良好的师生关系，促进了有效的学习环境。

学生应该参与学习评价与反馈的过程。教师可以与学生一起制定评价标准和方法，并让学生参与评价结果的解读和反思。这样的参与激发了学生的自我认知和学习动机，促进他们的学习成长。学生的参与使评价过程更加全面和客观，同时也建立了积极的师生互动和合作关系。

（三）学习环境

1. 校园文化与氛围的塑造

学生应该参与校园文化与氛围的塑造。学校可以鼓励学生组织各种社团和俱乐部活动，培养学生的兴趣爱好和创新能力。学生通过参与文化建设，能够积极融入学校生活，形成积极向上的学习氛围。

2. 学校设施与资源的规划

学生应该有机会参与学校设施与资源的规划。学校可以组织学生参观和调研，听取他们对于学校设施和资源的需求和建议。这样的参与能够提高学生对学习环境的满意度和归属感。

（四）案例应用

1. 学生代表团体

学校可以设立学生代表团体，如学生会、班级委员会等，让学生通过选举产生代表，并参与学校管理和决策的过程。通过学生代表团体的活动，学生能够表达自己的意见和建议，推动学校事务的改进和发展。

2. 学生评教与反馈

学校可以开展学生评教和反馈的活动，让学生对教学质量和学习环境进行评价，并提出改进建议。学校应该重视学生的评价和反馈，及时回应学生的需求，并采取相应措施改进教学和管理工作。

3. 学生参与课程设计

学校可以邀请学生参与课程设计的过程，听取他们的学习需求和兴趣。通过学生的参与，学校能够更好地了解学生的学习需求和兴趣，为他们提供更贴近实际的课程内容和教学方式。

（五）优势与挑战

1. 优势

（1）学生参与决策和规划的权利能够激发学生的主动性和积极性，促进他们的个性发展和自主学习能力的培养。

（2）学生参与决策和规划的权利有助于建立良好的师生关系，增强学校管理和课堂教学的效果。

（3）学生参与决策和规划的权利能够提高学生对学校事务和学习环境的满意度和归属感。

2. 挑战

（1）教师专业素养：教师需要具备相应的专业知识和教学策略，以有效地引导学生参与决策和规划的过程。

（2）学生责任意识：一些学生可能对参与决策和规划缺乏主动性或责任意识，教师需要鼓励和引导他们积极参与。

三、分析建立平等互动关系对学生发展的影响

建立平等互动关系是教育中至关重要的一环，它对于学生的发展和成长具有深远的影响。平等互动关系意味着教师和学生之间的权力和地位平衡，能够促进学生的积极参与、自主学习和个性发展。

（一）提升学习动机

1. 增强学习兴趣

建立平等互动关系可以增强学生的学习兴趣。在平等互动的环境下，学生更容易获得教师的关注和支持，感受到自己在学习中的重要性。这种关注和支持能够激发学生的学习动机，增强他们对学习的兴趣和投入度。

2. 培养学习动力

平等互动关系能够培养学生的内在学习动力。通过教师和学生之间的平等互动，学生能够感受到自己在学习中的主动性和责任感。他们会更加积极地参与学习活动，主动探索知识，提高学习效果。

（二）促进学习成果

1. 提高学习效果

建立平等互动关系可以提高学生的学习效果。在平等互动的环境下，学生更愿意表达自己的观点和思考，教师也能够及时了解学生的学习状况并提供个性化的指导。这样的互动能够提升学生的学习效果，加深对知识的理解和应用能力。

2. 培养综合素养

平等互动关系能够培养学生的综合素养。在平等互动的过程中，学生不仅仅获得了学科知识，还培养了沟通能力、批判性思维和合作精神等综合素养。这些综合素养对于学生的全面发展和未来的职业发展具有重要意义。

（三）塑造社会情感

1. 建立良好师生关系

建立平等互动关系有助于建立良好的师生关系。在平等互动的环境下，学生感受到教师的尊重和关爱，而教师则更能理解学生的需求和困扰。这种良好的师生关系能够促进学生的心理健康和社会情感的发展。

2. 增强自信与归属感

平等互动关系能够增强学生的自信心和归属感。在平等互动的过程中，学生能够充分表达自己的观点和意见，得到他人的认可和支持。这样的经历能够提升学生的自信心和自尊心，增强他们对学校和教育机构的归属感。

（四）案例应用

1. 学生参与决策和规划

学校可以鼓励学生参与学校管理和决策的过程，如制定课程安排、活动策划等。通过学生的参与，学校能够更好地了解学生的需求和期望，为学生提供更贴近实际的教育服务。

2. 学生主导式学习

教师可以采用学生主导式学习的方法，让学生在学习过程中发挥更大的主动性和创造力。教师可以提供指导和支持，但将学习的主导权交给学生，让他们参与决策和规划自己的学习。

3. 学生评价与反馈

学校可以开展学生评价和反馈的活动，让学生对教学质量和学习环境进行评价，并提出改进建议。学校应该重视学生的评价和反馈，及时回应学生的需求，并采取相应措施改进教学和管理工作。

（五）优势与挑战

1. 优势

（1）建立平等互动关系有助于提升学生的学习动机和学习成果，促进他们的个性发展和综合素养的培养。

（2）平等互动关系能够塑造良好的师生关系，增强学生的社会情感和心理健康。

（3）平等互动关系能够培养学生的自信心和归属感，增强他们对学校和教育机构的认同和参与度。

2. 挑战

（1）教师专业素养：教师需要具备相应的专业知识和教学策略，以有效地建立平等互动关系。

（2）学生参与意愿：一些学生可能对参与决策和规划缺乏主动性或兴趣，教师需要鼓励和引导他们积极参与。

第二节 激发学生的自主学习和思考能力

一、提供自主学习的机会和资源

自主学习是现代教育中的重要理念之一，它强调学生在学习过程中的自主性、主动性和责任感。为了培养学生的自主学习能力，学校和教师应该提供相应的机会和资源。

（一）创造学习环境

1. 营造积极的学习氛围

学校和教师可以营造积极的学习氛围，激发学生的学习兴趣和主动性。通过组织丰富多样的课外活动、展览和比赛等，学校能够激发学生的好奇心和求知欲望，促进他们参与自主学习。

2. 提供舒适的学习空间

学校应该提供舒适的学习空间，为学生创造良好的学习条件。学校图书馆、自习室和多媒体教室等设施的建设，能够满足学生的学习需求，提供一个安静、舒适和开放的学习环境。

（二）设计有挑战性的学习任务

1. 提出开放性问题

教师可以提出开放性问题，引导学生自主探索和解决问题。这样的学习任务能够激发学生的思考和创造力，培养他们的问题解决能力和批判性思维。

2. 开展项目学习

教师可以组织项目学习，让学生自主规划和实施学习任务。学生通过项目学习，能够在实践中运用知识，培养自主学习和合作精神，并解决真实世界中的问题。

（三）提供个性化的学习支持

1. 设计个性化学习计划

教师可以与学生共同制定个性化的学习计划，根据学生的兴趣、需求和学习目标，进行学习内容和进度的选择。个性化学习计划能够激发学生的学习动机和自主性，提高他们的学习效果。

2. 提供多样化的学习资源

学校和教师应该提供多样化的学习资源，满足学生的不同需求和学习方式。这包括图书馆的书籍、电子资源、在线课程和学习平台等，可以帮助学生进行自主学习并拓展知识领域。

（四）案例应用

1. 学生研究项目

教师可以引导学生选择感兴趣的主题，组织学生进行研究项目。在项目中，学生需要自主收集资料、设计实验和分析数据，并撰写研究报告。这样的案例应用能够提高学生的独立思考和问题解决能力。通过参与研究项目，学生将面临实际问题和挑战，需要运用所学知识和技能进行探索和解决。这种实践性的学习培养了学生的独立思考和创新能力，提高了他们的问题解决能力和学术素养。

2. 自主学习时间

学校可以设置自主学习时间，让学生有时间和空间进行自主学习。在自主学习时间内，学生可以自由选择学习内容和学习方式，发挥自己的学习兴趣和特长。这样的学习模式鼓励学生主动探索和深入学习，培养了他们的自主学习能力和自我管理能力。学生可以选择自己感兴趣的主题进行深入研究，或者通过阅读、写作、实践等方式进行知识拓展。自主学习时间提供了一个创造性和自由的学习环境，激发了学生的学习动机和创新思维。通过自主学习，学生能够培养自主思考、自主学习和解决问题的能力，为未来的学习和职业发展打下坚实基础。

3. 学习社区和合作学习

学校可以建立学习社区和促进合作学习的机制，鼓励学生之间的互助和交流。通过学习社区和合作学习，学生能够相互启发和支持，提高自主学习的效果。

学习社区可以提供一个互动和合作的学习环境，使学生能够共同探索和解决问题。学校可以组织小组讨论、合作项目和团队活动，让学生在集体中相互学习和交流。学生可以分享自己的思考和观点，倾听他人的见解和反馈。这种合作学习的过程激发了学生的思维和创新能力，促进了深入理解和知识的共享。

合作学习还培养了学生的团队合作和沟通能力。在合作学习中，学生需要协调彼此的角色和任务，共同完成学习目标。他们需要相互支持和合作，共同解决问题和克服困难。这样的合作经验有助于学生培养良好的团队合作精神和有效的沟通技巧，为未来的工作和社会生活做好准备。

在学习社区和合作学习中，学生能够相互激励和促进，提高自主学习的效果。在学习社区中，学生能够分享学习心得、交流学习方法，并互相鼓励和推动。这种互动和支持使学生更有动力去探索和深入学习，加强了他们的自主学习意识和能力。

学校可以建立学习社区和促进合作学习的机制，鼓励学生之间的互助和交流。通过学习社区和合作学习，学生能够相互启发和支持，提高自主学习的效果。这样的学习环境培养了学生的团队合作精神和沟通能力，促进了深入理解和知识的共享

（五）优势与挑战

1. 优势

（1）提供自主学习的机会和资源能够培养学生的自主学习能力和创造力，提高他们的学习效果和成果。

（2）自主学习能够激发学生的学习动机和兴趣，促进他们的个性发展和综合素养的培养。

（3）提供自主学习的机会和资源有助于学生形成积极的学习态度和良好的学习习惯。

2. 挑战

（1）学生自律能力：一些学生可能缺乏自律和自我管理能力，需要教师和学校的引导和支持。

（2）学习资源不平等：一些学生可能无法获得足够的学习资源，学校和教师需要关注资源的公平分配问题。

二、引导学生发展批判性思维和创造性思维

在现代社会中，批判性思维和创造性思维被认为是重要的能力和素养。批判性思维能够培养学生的分析、评估和解决问题的能力，而创造性思维能够激发学生的创新和创造力。

（一）培养问题意识

1. 引导提问和质疑

教师可以通过引导学生提问和质疑，培养他们的问题意识和批判性思维。学生应该学会提出深入的问题，并主动寻求答案，培养对知识的追求和分析的能力。

2. 分析不同观点和立场

教师可以引导学生分析不同观点和立场，培养他们的辩证思维和批判性思维。学生应该学会从多个角度思考问题，理解不同观点的优缺点，并形成自己的独立判断。

（二）提供挑战性任务

1. 开放性问题和项目学习

教师可以提出开放性问题和设计挑战性的项目学习，激发学生的创造性思维。学生在解决问题的过程中，需要运用创造性思维来产生新的想法和解决方案，并通过实践来验证和完善。

2. 创新性作业和课堂活动

教师可以设计创新性的作业和课堂活动，鼓励学生展示自己的创造性思维。例如，学生可以设计产品、写作文、进行实验或表演等，通过自己的创意和创新来展示自己的能力和才华。

（三）鼓励自由思考

1. 提供自主学习机会

教师应该提供自主学习的机会，让学生有时间和空间进行自由思考。在自主学习的过程中，学生可以自由选择学习内容和学习方式，发挥自己的创造性和独立思考能力。

2. 推崇多样化的答案和解决方案

教师应该推崇多样化的答案和解决方案,鼓励学生发展自己的创造性思维。学生应该理解到,同一个问题可以有多个正确答案或解决方案,他们应该尝试不同的方式来解决问题,并勇于表达自己的独特观点。

（四）案例应用

1. 创新设计项目

教师可以组织创新设计项目,让学生在规定的主题下进行创意设计。学生需要运用创造性思维和批判性思维,从不同角度考虑产品或方案的创新点,并展示自己的设计作品。

2. 辩论和讨论活动

教师可以组织辩论和讨论活动,鼓励学生通过互相辩论和交流来提高批判性思维和创造性思维。学生需要准备论据、分析问题,并提出自己的观点和解决方案。

3. 创意写作和艺术作品

教师可以引导学生进行创意写作和艺术作品的创作。学生可以自由发挥想象力和创造力,表达自己的思想和感受,并展示自己的创意作品。

（五）优势与挑战

1. 优势

（1）引导学生发展批判性思维和创造性思维能够培养他们的分析、评估和解决问题的能力,提高他们的学习效果和成果。

（2）批判性思维和创造性思维有助于激发学生的好奇心和求知欲望,提高他们的自主学习和探索能力。

（3）培养批判性思维和创造性思维能够为学生未来的职业发展和创新创业打下坚实的基础。

2. 挑战

（1）学生自信和毅力:发展批判性思维和创造性思维需要学生具备一定的自信心和毅力,教师和学校需要给予适当的支持和鼓励。

（2）教师专业素养：教师需要具备相应的专业知识和教学策略，以有效地引导学生发展批判性思维和创造性思维。

三、探索如何激发学生的自主学习和思考能力

自主学习和思考能力是现代教育中非常重要的一项能力，它不仅能够培养学生的独立思考和问题解决能力，还能激发他们的学习动机和创造力。为了激发学生的自主学习和思考能力，教师需要提供适当的引导和支持。

（一）设定学习目标

1. 帮助学生明确目标

教师可以帮助学生明确学习目标，并与他们共同制定个性化的学习计划。学生应该清楚自己的学习目标，明确所需的知识和技能，以及达到目标所需要的步骤和努力。

2. 鼓励学生制定小目标

教师可以鼓励学生制定小目标，逐步实现大目标。通过分解学习任务，学生能够更好地管理自己的学习进度，增强自主学习的意愿和能力。

（二）提供资源和支持

1. 提供多样化的学习资源

教师应该提供丰富多样的学习资源，包括书籍、文献资料、多媒体教材和在线学习平台等。学生可以根据自己的兴趣和需求选择适合的学习资源，进行自主学习和探索。

丰富多样的学习资源为学生提供了广泛的学习选择和机会。教师可以建立学习资源库，收集和整理各种相关的学习资料和工具。学生可以根据自己的学习需求和目标，选择适合的学习资源进行深入学习和研究。这样的学习资源涵盖了不同领域的知识和技能，满足了学生个性化学习的需求。

学生可以利用丰富多样的学习资源进行自主学习和探索。他们可以通过阅读书籍和文献资料，扩展知识面和深入理解学科内容。多媒体教材和在线学习平台提供了互动和动态的学习方式，使学生更加主动参与和掌握知识。学生还可以通过在线平台和社交媒体与其他学生分享学习心得和资源，促进合作学习和交流。

丰富多样的学习资源激发了学生的学习兴趣和主动性。学生可以选择符合自己兴趣和学习风格的资源，提高学习效果和积极性。学习资源的多样性也促进了学生的多元化发展，培养了他们的批判性思维和创新能力。

教师应该提供丰富多样的学习资源，包括书籍、文献资料、多媒体教材和在线学习平台等。学生可以根据自己的兴趣和需求选择适合的学习资源，进行自主学习和探索。这样的学习资源满足了学生个性化学习的需求，激发了他们的学习兴趣和主动性，促进了多元化发展和批判性思维的培养。

2. 提供指导和反馈

教师应该提供适当的指导和反馈，帮助学生解决学习中的困难和问题。通过及时的指导和反馈，学生能够更好地调整学习策略，提高学习效果和自主学习的能力。

教师可以通过课堂教学、个别辅导和在线交流等方式，给予学生指导和支持。当学生遇到困难或问题时，教师可以提供解释、示范和演示，帮助学生理解和掌握知识。教师还可以鼓励学生主动寻求帮助，并提供必要的指导和建议。

及时的反馈对于学生的学习非常重要。教师可以定期检查学生的作业和考试，给予具体的反馈和评价。这样的反馈可以帮助学生了解自己的学习进展和问题所在，并及时调整学习策略。教师还可以与学生进行一对一的讨论和反思，共同制定改进计划和学习目标。

通过适当的指导和反馈，学生能够提高学习效果和自主学习的能力。他们可以根据教师的指导和反馈，调整学习方法和策略，更加高效地掌握知识和技能。

教师应该提供适当的指导和反馈，帮助学生解决学习中的困难和问题。及时的指导和反馈有助于学生调整学习策略，提高学习效果和自主学习的能力。教师的支持和指导帮助学生克服困难，促进学习的深入和综合发展。

（三）鼓励合作交流

1. 提倡合作学习

教师可以提倡合作学习，让学生在小组或团队中进行学习和讨论。通过合作学习，学生能够相互启发和支持，分享各自的思考和经验，提高自主学习和思考的能力。

2. 鼓励学生表达观点

教师应该鼓励学生积极表达自己的观点和想法。学生在表达中能够思考和理清自己的思路，进一步培养自主学习和思考的能力。

（四）激发学生的学习兴趣

1. 创设丰富多样的学习环境

教师可以创设丰富多样的学习环境，包括实验室、图书馆、艺术工作室等。通过提供各种学习场所和工具，学生能够根据自己的兴趣进行自主学习和探索。

2. 利用科技手段和游戏化元素

教师可以利用科技手段和游戏化元素，激发学生的学习兴趣和参与度。例如，使用在线学习平台、教育应用和虚拟实验等，让学生通过互动和游戏化的方式进行学习。

（五）案例应用

1. 学生研究项目

教师可以引导学生选择感兴趣的主题，组织学生进行研究项目。在项目中，学生需要自主收集资料、设计实验和分析数据，并撰写研究报告。这样的案例应用能够提高学生的独立思考和问题解决能力。

2. 自主学习时间

学校可以设置自主学习时间，让学生有时间和空间进行自主学习。在自主学习时间内，学生可以自由选择学习内容和学习方式，发挥自己的学习兴趣和特长。

3. 学习社区和合作学习

学校可以建立学习社区和促进合作学习的机制，鼓励学生之间的互助和交流。通过学习社区和合作学习，学生能够相互启发和支持，提高自主学习和思考的能力。

（六）优势与挑战

1. 优势

（1）激发学生的自主学习和思考能力能够培养他们的独立思考和问题解决

能力，提高学习效果和成果。

（2）自主学习和思考能力能够激发学生的学习动机和创造力，促进他们的个性发展和综合素养的培养。

（3）学生通过自主学习和思考能力的发展，能够为未来的学习和职业发展打下坚实的基础。

2. 挑战

（1）学生自律能力：一些学生可能缺乏自律和自我管理能力，需要教师和学校的引导和支持。

（2）学习资源不平等：一些学生可能无法获得足够的学习资源，学校和教师需要关注资源的公平分配问题。

第七章　生活化的学习情境

第一节　将数学知识应用于生活场景

一、强调将数学知识与实际生活相结合的重要性

数学是一门抽象而具有广泛应用的学科，它在现实生活中扮演着重要的角色。然而，很多学生对数学抱有抵触情绪，认为它只存在于教科书和考试中，与实际生活没有关系。将数学知识与实际生活相结合的重要性不可忽视。通过实际问题求解、日常生活应用和职业发展等方面的案例分析，我们可以看到数学在现实生活中的广泛应用。强调将数学知识与实际生活相结合可以提高学生的问题解决能力和数学应用能力，激发他们对数学的兴趣和创造力。

（一）实际问题求解

1. 培养问题解决能力

将数学知识与实际生活相结合可以培养学生的问题解决能力。通过运用数学原理和方法解决实际问题，学生能够锻炼分析、推理和逻辑思维的能力，提高他们的问题解决能力。

数学是一门注重逻辑和推理的学科，它的应用广泛存在于现实生活中。当学生学会将数学知识应用到实际情境中时，他们需要进行问题分析和解决方案的设计。通过运用数学原理和方法，学生能够培养抽象思维、逻辑推理和问题解决的能力。

在解决实际问题的过程中，学生需要运用数学概念和技巧来分析和解释问题，并找出合适的解决方案。这要求学生具备良好的逻辑思维和推理能力，能够从复杂的问题中提取关键信息并进行合理的推导。通过解决实际问题，学生能够锻炼分析问题、寻找规律和设计解决方案的能力。

将数学与实际生活相结合还可以培养学生的创新思维和灵活性。在解决实际问题时，学生可能会面临各种不同的情境和挑战，需要运用创造性思维来寻找非传统的解决方案。这样的实践培养了学生的创新意识和灵活性，使他们能够面对复杂问题时提出独特的解决方案。

将数学知识与实际生活相结合可以培养学生的问题解决能力。通过运用数学原理和方法解决实际问题，学生能够锻炼分析、推理和逻辑思维的能力，提高他们的问题解决能力。这样的实践性学习使学生更加意识到数学在现实生活中的重要性和应用价值，激发了他们对数学学习的兴趣和动力。

2. 提高数学应用能力

将数学知识与实际生活相结合还能帮助学生更好地理解和应用数学。学生可以通过实际问题的求解，将抽象的数学概念和方法转化为具体的应用，提高数学应用能力和创新思维。

当学生将数学知识应用于实际问题时，他们需要理解数学在现实生活中的应用和意义。通过解决实际问题，学生能够更深入地理解数学概念和原理，并将其应用到实际情境中。这样的实践性学习有助于建立数学知识与实际生活之间的联系，加深对数学的理解和认知。

通过实际问题的求解，学生能够培养数学应用能力和创新思维。他们需要运用所学的数学概念和方法，分析问题、寻找解决方案，并进行合理的推导和计算。这种应用性的学习培养了学生的问题解决能力和创新思维，使他们能够独立思考和解决复杂的实际问题。

将数学知识与实际生活相结合还能激发学生的学习兴趣和动机。通过实际问题的求解，学生能够看到数学在解决实际问题中的实际应用和效果。这样的学习过程使学生更加意识到数学的实用性和重要性，激发了他们对数学学习的兴趣和动力。

将数学知识与实际生活相结合可以帮助学生更好地理解和应用数学。通过实际问题的求解，学生能够将抽象的数学概念和方法转化为具体的应用，提高数学应用能力和创新思维。这样的实践性学习使学生更加深入地理解数学的实际应用和意义，并激发了他们对数学学习的兴趣和动力。

（二）日常生活应用

1. 金融管理和投资决策

数学在金融管理和投资决策中起着重要的作用。例如，通过数学模型可以计算利息、投资回报率和风险评估等，帮助人们做出理性的金融决策。

2. 健康和医疗领域

数学在健康和医疗领域也有广泛应用。例如，数学模型可以用于分析疾病传播和流行病控制，优化医院资源分配和手术规划，提高医疗服务的效率和质量。

（三）职业发展

1. 科学与工程领域

在科学与工程领域，数学是基础和核心学科之一。数学知识的应用能够帮助从事科学研究和工程设计的人员进行建模、仿真和优化等工作，推动技术和创新的进步。

2. 数据分析与决策

在信息时代，数据分析和决策成为许多职业中不可或缺的部分。数学知识的应用可以帮助从事数据分析与决策的人员处理和解释大量的数据，从中提取有用的信息，并做出科学的决策。

（四）案例应用

1. 假设检验与市场调研

在市场调研中，数学统计方法可以帮助分析员对样本数据进行假设检验。通过数学统计分析，可以得出关于产品、服务或市场的重要结论，为企业的决策提供依据。

2. 数据建模与风险评估

在保险行业中，数学的应用可以帮助建立风险模型，评估各种风险事件的概率和影响。这些数学模型能够帮助保险公司制定保费策略和理赔政策，更好地管理风险。

3. 交通规划与优化

在交通规划领域，数学模型可以帮助优化交通流动和减少拥堵。通过数学建模和仿真，可以预测道路需求和优化信号灯配时，提高交通效率和减少能源消耗。

（五）优势与挑战

1. 优势

（1）将数学知识与实际生活相结合可以提高学生的问题解决能力和数学应用能力。

（2）数学在日常生活和职业发展中有广泛应用，能够帮助人们更好地理解和应用数学知识。

（3）实际问题的求解可以激发学生对数学的兴趣和探索欲望。

2. 挑战

（1）学生对数学的抵触情绪：一些学生可能对数学抱有负面情绪，认为它难以理解和应用于实际生活。教师需要通过相关案例和实践活动来改变学生的看法。

（3）教师专业素养：教师需要具备相应的专业知识和教学策略，以有效地将数学知识与实际生活相结合。

二、提供以生活为背景设计问题和活动的方法

将学习与生活相结合是提高学生学习兴趣和参与度的重要途径之一。通过以生活为背景设计问题和活动，可以使学生更加贴近实际、感受到学习的实用性，并培养他们的问题解决能力和创造力。以生活为背景设计问题和活动，可以将学习与实际生活紧密结合，激发学生的学习兴趣和参与度。情境引入、案例分析和角色扮演等方法能够培养学生的问题解决能力、创造力和团队合作精神。

（一）情境引入

情境引入是通过创造具体的生活场景来引发学生的兴趣和思考。以下是几种情境引入的方法：

1. 链接实际生活问题

将学习内容与学生日常生活中遇到的问题相联系，是一种有效的教学方法。这样做可以帮助学生理解学习的实际意义，并激发他们运用所学知识解决实际

问题的思考和能力。

以几何学为例，在学习几何的过程中，教师可以引入日常生活中的测量问题。例如，教师可以让学生测量房间的面积，讨论如何使用几何概念和公式来计算。这样的活动可以让学生将所学的几何知识应用于实际情境中，加深对几何概念的理解和记忆。

教师还可以引入购物时的优惠折扣问题。通过给学生一些购物场景，如打折促销、满减优惠等，让他们运用几何知识来计算折扣价格或最优购买方案。这样的问题可以帮助学生将几何知识与经济实践相结合，培养他们的应用能力和解决问题的能力。

通过将学习内容与日常生活问题相联系，教师可以激发学生的学习兴趣和动机。学生能够从实际情境中感受到学习的实用性和意义，增强对所学知识的兴趣和投入。这样的教学方法还能够培养学生的批判思维和创新能力，让他们学会运用知识解决实际问题。

将学习内容与学生日常生活中遇到的问题相联系，是一种有效的教学方法。通过引入实际情境和问题，教师可以激发学生运用所学知识解决问题的思考和能力。这样的教学方法能够提高学生的学习动机和兴趣，培养他们的应用能力和解决问题的能力。

2. 使用真实案例

引入真实案例让学生了解事实背景并思考相关的数学或科学问题是一种很有意义的教学方法。这样做可以帮助学生将抽象的概念与现实情境相连接，增强他们对学习内容的兴趣和理解。

以环保为例，教师可以介绍环保组织如何利用数据统计来评估环境状况。教师可以分享真实的案例，如某个地区的空气质量监测数据、水源污染指标等。通过介绍这些案例，学生可以了解到环保组织如何收集、整理和分析数据，以评估环境的健康状况和影响因素。

在这个背景下，教师可以提出一些相关的数学或科学问题，激发学生的思考。例如，学生可以思考如何使用统计方法来分析不同地区的空气质量数据，以了解污染程度；或者如何使用化学知识来分析水源中的污染物含量。通过这样的思考和探索，学生可以将所学的数学和科学知识应用于实际问题，并加深对这些知识的理解和记忆。

通过引入真实案例，学生可以更好地理解学习内容的实际应用和意义。他们能够从案例中看到数学和科学在解决现实问题中的重要性，激发对这些学科的兴趣和动机。同时，学生也可以培养数据分析、问题解决和批判思维等能力，为将来的学习和职业发展打下坚实基础。

引入真实案例让学生了解事实背景并思考相关的数学或科学问题是一种有意义的教学方法。通过这样的教学方式，学生可以将学习内容与实际情境相连接，增强对知识的兴趣和理解。这样的教学方法还能够培养学生的应用能力、问题解决能力和批判思维能力，为他们的学习和未来发展提供更多可能性。(二)案例分析

案例分析是以真实或虚构的情景为基础，让学生通过分析问题和解决方案来应用所学知识。以下是几种案例分析的方法：

1. 基于真实事件的案例

选择与学习内容相关的真实事件作为案例，让学生分析事件中的问题和解决方案。例如，针对学习物理的学生，可以选择一起成功的工程项目，让学生分析其中涉及的物理原理和设计思路。

2. 虚构的情境案例

根据学习内容设计虚构的情境案例，让学生扮演相关角色并解决问题。例如，在学习金融管理时，可以设计一个虚拟的投资公司，让学生在规定的条件下制定投资策略，从而体验金融决策的过程。

（三）角色扮演

角色扮演是通过学生扮演特定角色来模拟真实场景，促使他们主动参与问题解决和思考。以下是几种角色扮演的方法：

1. 模拟商业活动

设计商业模拟活动，让学生扮演企业家、销售人员或顾客等角色，并进行商业交易和决策。通过模拟真实商业环境，学生可以应用经济学和数学知识来管理资源和制定策略。

2. 科学实验角色扮演

设计科学实验角色扮演活动，让学生扮演科学家或研究团队成员，通过实验和观察来解决特定的科学问题。这样的活动能够培养学生的科学思维和实验技能，提高他们对科学的理解和兴趣。

（四）优势与挑战

1. 优势

（1）以生活为背景设计问题和活动能够增强学生的学习动机和参与度。

（2）案例分析和角色扮演能够培养学生的问题解决能力、创造力和团队合作精神。

（3）将学习与实际生活相结合，有助于提高学生的学习效果和应用能力。

2. 挑战

（1）教师需要花费更多的时间和精力来设计具体的情境和案例。

（2）学生可能在开始时感到不适应，需要教师提供适当的引导和支持。

（3）不同学生的背景和兴趣可能会影响他们对问题和活动的接受程度。

三、探讨如何培养学生将数学知识应用于实际生活的能力

数学是一门抽象而具有广泛应用的学科，但很多学生将数学视为纯理论的学科，与实际生活毫无关系。然而，培养学生将数学知识应用于实际生活的能力是十分重要的。

（一）实际问题解决

1. 培养问题解决能力

培养学生将数学知识应用于实际生活的能力需要从问题解决的角度出发。教师可以引导学生运用数学原理和方法来解决实际问题，提高他们的问题解决能力。通过真实的案例和情景，让学生理解数学在实际生活中的应用，激发他们的兴趣和动机。

2. 提供实践机会

教师可以提供实践机会，让学生在实际生活中运用数学知识。例如，组织实地考察或实验活动，让学生亲身体验数学知识在实际场景中的应用。通过实

践，学生能够更好地理解和掌握数学知识，并将其应用于实际生活中。

（二）情境引入

1. 连接实际生活问题

教师可以将学习内容与学生日常生活中遇到的问题相连接，引导学生思考如何运用所学知识解决实际问题。例如，在学习几何时，可以引入日常生活中的测量问题，如计算房间的面积或购物时的优惠折扣。通过与实际生活问题的联系，学生能够更加认识到数学的实用性和重要性。

2. 使用真实案例

教师可以引入真实案例，让学生了解事实背景并思考相关的数学问题。通过介绍真实案例，学生能够更好地理解数学知识在实际生活中的应用。例如，通过介绍金融投资的案例，让学生分析投资回报率和风险评估等数学概念。

（三）项目学习

1. 开展实践项目

教师可以组织实践项目，让学生应用数学知识解决实际问题。通过项目学习，学生能够全面了解实际问题的背景和需求，并运用数学知识进行分析和解决。例如，组织学生设计和制作一个小型模型或机械装置，让他们应用数学原理和方法来解决设计和制造过程中的问题。

2. 跨学科合作项目

教师可以组织跨学科合作项目，将数学与其他学科相结合，解决实际问题。通过与其他学科的合作，学生能够体验到数学在不同领域中的应用。例如，组织学生与艺术、科学或社会学等学科的学生一起开展项目，解决相关的实际问题。

（四）优势与挑战

1. 优势

（1）将数学知识应用于实际生活能够提高学生的学习兴趣和参与度。

（2）实际问题解决和项目学习能够培养学生的问题解决能力、创造力和团队合作精神。

（3）情境引入能够帮助学生更好地理解和应用数学知识。

2. 挑战

（1）学生可能对将数学知识应用于实际生活感到陌生和困惑，需要教师提供适当的引导和支持。

（2）教师需要花费更多的时间和精力来设计相关的案例和活动。

第二节　培养学生的实际运用能力

一、引入实践性任务和项目设计

实践性任务和项目设计是一种有效的教学方法，能够帮助学生将所学知识应用于实际场景中，并培养他们的问题解决能力、创新思维和团队合作精神。

（一）实践性任务设计原则

1. 真实性和实用性

实践性任务应该具有真实性和实用性，与学生的实际生活或职业发展紧密相关。通过真实的情境和任务，学生能够更好地理解和应用所学知识。

2. 多学科整合

实践性任务可以跨学科进行设计，将不同学科的知识和技能整合在一起。这样能够帮助学生全面理解问题，并综合运用不同学科的知识来解决问题。

3. 学生主导和合作

实践性任务应该鼓励学生主动参与和合作，培养他们的自主学习、沟通和团队合作能力。教师应该扮演指导者和支持者的角色，引导学生自主探索和解决问题。

（二）项目开展流程

1. 选择适当的主题和任务

教师可以根据学科内容和学生的兴趣选择适当的主题和任务。主题应该具有一定的挑战性和实践性，能够激发学生的兴趣和动机。

选择适当的主题可以让学生更好地理解和应用学科知识。教师可以根据学科的核心概念和技能，设计与实际生活相关的主题。这样的主题能够帮助学生将抽象的概念转化为具体的应用，并激发他们对学科的兴趣和探索欲望。

主题应该具有一定的挑战性，能够促使学生思考和解决问题。教师可以设置一些复杂的任务或情境，要求学生进行分析、推理和创新思维。这样的挑战可以激发学生的思维活跃性和解决问题的能力，培养他们的批判性思维和创造性思维。

主题也应具有实践性，能够让学生将所学的知识应用于实际情境中。通过实践性的学习任务，学生可以将所学知识转化为实际应用，提高其实践能力和解决问题的能力。这样的实践性学习使学生更加意识到学科知识在现实生活中的重要性和应用价值。

教师可以根据学科内容和学生的兴趣选择适当的主题和任务。主题应具有一定的挑战性和实践性，能够激发学生的兴趣和动机。通过设计合适的主题，教师能够提供一个具有挑战性和实践性的学习环境，促进学生的思维发展和学科能力的培养。

2. 设计明确的任务要求和评价标准

在项目开始前，教师应该设计明确的任务要求和评价标准，让学生清楚任务的目标和要求。任务要求可以包括研究问题、收集数据、分析结果等方面，评价标准可以涵盖学术表达、团队合作和创新思维等方面。

明确的任务要求有助于学生理解项目的目标和具体要求。教师可以详细说明研究问题的背景和意义，提供所需的资源和工具，并明确学生需要完成的任务步骤和时间安排。这样的任务要求帮助学生理清思路，明确学习目标，并规划实施策略。

评价标准对于学生的学习和发展至关重要。教师可以制定明确的评价标准，包括学术表达能力、团队合作能力和创新思维能力等方面。通过明确的评价标准，学生知道自己被评估的内容和标准，可以有针对性地提高自己的学习和表现。同时，评价标准也帮助教师公正地评估学生的成绩和能力，提供有针对性的反馈和指导。

在项目开始前，教师应该设计明确的任务要求和评价标准，让学生清楚任务的目标和要求。明确的任务要求有助于学生理解项目的目标和具体要求，规划学习策略。明确的评价标准帮助学生了解被评估的内容和标准，提高自己的学习和表现。同时，评价标准也帮助教师公正地评估学生的成绩和能力，提供有针对性的反馈和指导。

3. 提供必要的资源和指导

教师应该为学生提供必要的资源和指导，支持他们完成项目。资源可以包括书籍、文献资料、实验设备和技术工具等，指导可以包括实验设计、数据分析和报告撰写等方面。

提供适当的资源，教师能够帮助学生更好地开展项目研究。教师可以为学生提供相关的书籍和文献资料，以扩展他们的知识和理解。此外，教师还可以提供实验设备和技术工具，让学生进行实践操作和数据收集。

教师的指导对学生的项目完成至关重要。教师可以就实验设计、数据分析和报告撰写等方面给予学生指导和建议。他们可以帮助学生理清思路、制定实验计划，并在数据分析和报告撰写过程中提供指导和反馈。这样的指导有助于学生顺利完成项目，提高项目的质量和成果。

提供必要的资源和指导，教师能够支持学生完成项目研究，促进他们的学习和发展。合理的资源支持可以帮助学生获取所需的信息和材料，加深对项目主题的理解。同时，教师的指导和反馈有助于学生掌握正确的方法和技巧，提高实验能力和学术素养。

教师应该为学生提供必要的资源和指导，支持他们完成项目。适当的资源支持和指导有助于学生顺利进行项目研究，提高项目的质量和成果。这样的支持和指导促进了学生的学习和发展，培养了他们的独立思考和问题解决能力。

4. 学生实践和合作

学生在指导下进行实践和合作，通过调查研究、实验设计、数据分析等活动来解决问题。他们可以分工合作，相互交流和支持，共同完成项目。

教师的指导可以帮助学生明确项目目标和任务，并提供必要的方法和技巧。学生可以根据指导，分工合作，各自负责项目的不同部分。通过合作，学生能够相互交流和支持，共同解决问题并完成项目。

在实践过程中，学生需要进行调查研究、实验设计、数据收集和分析等活动。这些活动要求学生运用所学的知识和技能，发挥创新思维和解决问题的能力。同时，学生还可以相互交流和分享自己的发现和经验，从而促进彼此的学习和成长。

学生通过实践和合作能够培养自主学习和团队合作的能力。他们可以学会分工合作、协调沟通、解决冲突等技能，提高团队合作和协作能力。同时，实践活动也激发了学生的学习兴趣和动机，培养了他们的创新思维和问题解决能力。

学生在指导下进行实践和合作，通过调查研究、实验设计、数据分析等活动来解决问题。他们可以分工合作，相互交流和支持，共同完成项目。这样的实践和合作有助于培养学生的自主学习和团队合作能力，激发他们的学习兴趣和创新思维。

5. 展示成果和评价反思

学生完成项目后，可以通过展示、报告或展览等形式展示他们的成果。教师和同学可以对成果进行评价，并与学生一起进行反思和总结，提出改进意见和建议。

学生通过展示成果能够分享自己的学习成果和经验。教师和同学可以对学生的成果进行评价，提供具体的反馈和赞赏。这样的评价促使学生审视自己的工作，发现优点和改进的空间，并在日后的学习中加以应用。

反思和总结是项目完成后的重要环节。学生可以与教师和同学一起回顾整个项目过程，讨论项目的挑战和收获。通过反思和总结，学生能够深入思考自己的学习方式和策略，明确自己的成长和发展方向。教师和同学可以提出改进意见和建议，帮助学生进一步完善自己的项目成果。

展示成果、评价和反思有助于学生的学习和发展。学生通过展示和评价，增强了对自身能力和成就的认知。反思和总结让他们更好地理解自己的学习过程，发现自己的优势和改进的方向，从而提高学习策略和方法。

学生完成项目后，可以通过展示、报告或展览等形式展示他们的成果。教师和同学可以对成果进行评价，并与学生一起进行反思和总结，提出改进意见和建议。这样的过程促进了学生的学习和发展，增强了他们的自我认知和学习动机。

（三）案例分析

案例分析是实践性任务设计中常用的方法之一，能够帮助学生将所学知识应用于实际场景中。以下是几种案例分析的方法：

1. 基于真实事件的案例

选择与学习内容相关的真实事件作为案例，让学生分析事件中的问题和解决方案。例如，在学习环境保护时，可以引入真实的环境问题，让学生分析其原因和解决办法。

2. 虚构情境的案例

根据学习内容设计虚构情境的案例，让学生扮演相关角色并解决问题。例如，在学习金融管理时，可以设计一个虚拟的公司或投资项目，让学生在规定的条件下制定投资策略。

（四）优势与挑战

1. 优势

（1）实践性任务和项目设计能够培养学生的问题解决能力、创新思维和团队合作精神。

（2）学生通过实践性任务和项目设计能够将所学知识应用于实际场景中，提高学习的实用性和深度。

（3）实践性任务和项目设计能够激发学生的兴趣和动机，促进他们的自主学习和探索。

2. 挑战

（1）教师需要花费更多的时间和精力来设计和指导实践性任务和项目。

（2）学生在开始时可能感到不适应和困惑，需要教师提供适当的引导和支持。

（3）不同学生的背景和兴趣可能会影响他们对实践性任务和项目的接受程度。

二、提供学生参与实际数学活动的机会

为了培养学生对数学的兴趣和理解，提供他们参与实际数学活动的机会是

至关重要的。通过实践性的数学活动，学生可以亲身体验数学在现实生活中的应用，并提高他们的问题解决能力、创新思维和团队合作精神。

（一）数学建模

1. 情境引入

在数学建模活动中引入真实的情境和问题，是一种非常有效的教学方法。这样做可以让学生将所学知识应用于实际问题，培养他们的数学建模能力和解决实际问题的能力。

以环境保护为例，教师可以介绍环境保护组织如何利用数据分析来评估环境状况。教师可以分享真实的案例，例如某个地区的空气质量数据、垃圾产生量统计等。通过介绍这些案例，学生可以了解到环境保护组织如何收集和处理大量的数据，并使用数学建模技术来分析和解释这些数据。

在这个背景下，教师可以提出相关的数学建模问题，激发学生的思考。例如，学生可以思考如何使用数学模型来预测某个地区未来的空气质量，或者如何使用数学模型来优化垃圾处理和回收方案。通过这样的思考和探索，学生可以将所学的数学知识应用于实际问题，加深对数学建模的理解和兴趣。

在数学建模活动中，学生不仅能够应用所学的数学知识解决实际问题，还能够培养他们的团队合作、数据分析和创新思维能力。通过与同学们一起合作解决问题，学生可以学会有效地沟通和合作，并通过多个角度的思考来解决复杂问题。

引入真实情境和问题，在数学建模活动中激发学生对数学建模的兴趣和参与度。这样的教学方法能够将所学知识与实际问题相结合，培养学生的应用能力和解决问题的能力。同时，学生也可以通过这样的活动培养团队合作、数据分析和创新思维等重要能力，为将来的学习和职业发展打下坚实基础。

2. 实践项目

教师组织实践项目，让学生运用数学知识解决实际问题是一种非常有益的教学方法。通过设计小型模型或机械装置等项目，学生能够将所学的数学原理和方法应用于实际情境中，提升他们的数学应用能力和创新思维。

在这样的项目中，学生可以根据具体需求和目标，运用数学原理和方法来解决设计和制造过程中的问题。例如，他们可以使用几何概念来设计模型的形状和结构，运用代数和方程来计算物体的尺寸和比例关系，使用统计和概率来优化设计方案等等。

通过参与实践项目，学生能够亲身体验数学在解决实际问题中的重要性和实用性。他们将面临现实情境中的挑战和困难，需要运用数学知识和技巧来解决问题。这种实践性的学习经历可以激发学生的学习兴趣和动机，增强他们对数学的理解和应用能力。

实践项目还能培养学生的创新思维和解决问题的能力。在设计和制造的过程中，学生需要思考和解决各种技术、工程和数学方面的问题。他们需要运用创造性的思维来提出新颖的设计方案，并通过数学分析和计算验证其可行性。通过实践项目，学生还能培养团队合作、沟通和领导能力。他们需要与同学们一起协作，共同解决问题，分工合作，互相交流和支持。这样的团队合作经验对于学生的综合素质发展非常重要。

教师组织实践项目，让学生运用数学知识解决实际问题是一种富有意义的教学方法。通过参与设计和制造的过程，学生能够应用数学原理和方法解决问题，培养数学应用能力和创新思维。同时，实践项目还能提高学生的团队合作和沟通能力，为他们的综合素质发展奠定基础。

（二）数学游戏

1. 数学谜题和解密游戏

教师可以设计数学谜题和解密游戏，让学生通过解决问题来运用数学知识。例如，提供一系列数字和运算符号，让学生利用数学运算规则推导出一个目标数字。

2. 数学棋类和策略游戏

教师可以引入数学棋类和策略游戏，让学生运用数学原理来制定策略和解决问题。例如，学生可以通过下国际象棋或围棋来锻炼逻辑思维和计算能力。

（三）数学竞赛

1. 校内数学竞赛

学校可以组织校内的数学竞赛，让学生在竞争中运用所学的数学知识。这种竞赛可以是个人赛或团队赛，涵盖不同的数学领域和题型。

2. 参加数学竞赛活动

学校可以鼓励学生参加外部的数学竞赛活动，让他们与其他学生交流和比拼。这样的竞赛活动可以提供更广阔的舞台，激发学生对数学的兴趣和学习动力。

（四）数学实践活动

1. 数学探索和研究

教师可以组织数学探索和研究活动，让学生自主选择感兴趣的数学问题，并进行深入研究。这样的活动可以培养学生的自主学习能力和探索精神。

2. 数学展示和分享

学校可以组织数学展示和分享活动，让学生展示他们的数学成果和发现。通过展示和分享，学生可以互相学习和交流，激发对数学的兴趣和学习动力。

（五）优势与挑战

1. 优势

（1）参与实际数学活动可以增强学生的学习兴趣和参与度。

（2）实践性的数学活动能够培养学生的问题解决能力、创新思维和团队合作精神。

（3）数学游戏和竞赛可以提供一个积极的学习环境，激发学生对数学的兴趣和学习动力。

2. 挑战

（1）教师需要花费更多的时间和精力来设计和组织实际数学活动。

（2）学生可能在开始时感到不适应和困惑，需要教师提供适当的引导和支持。

（3）实际数学活动可能需要一定的资源和设备支持，需要学校提供相应的支持。

三、分析实际运用能力对学生综合素养的影响

实际运用能力是指学生能够将所学知识和技能应用于实际场景中解决问题

的能力。这种能力不仅对学生的学术成绩有积极影响，还对他们的综合素养和职业发展具有重要意义。

（一）问题解决能力

实际运用能力对学生的问题解决能力有积极影响。通过实际运用所学知识和技能解决实际问题，学生能够锻炼分析、推理和创新思维的能力，提高问题解决的效果和效率。实践性的学习培养了学生的实际操作能力和应变能力，在面对复杂问题时更具自信和灵活性。实际运用能力使学生从理论转化为实践，促进了知识的内化和深入理解，培养了学生的创新思维和解决问题的能力。

1. 提高问题识别和分析能力

通过实际运用能力，学生能够更好地识别和分析问题，理解问题的背景和需求。他们能够运用所学知识和技能，提出合理的解决方案，并评估其可行性和效果。

2. 培养创造性解决问题的能力

实际运用能力培养学生寻找多样化解决方案的能力，鼓励他们尝试不同的方法和角度来解决问题。这种创造性思维能力对学生的综合素养和职业发展具有重要意义。

（二）创新思维

实际运用能力对学生的创新思维有积极影响。通过实践性的学习和解决实际问题，学生能够培养创新思维和解决问题的能力。实际运用能力要求学生思考新的解决方案，提出创新的观点，并在实践中尝试和验证。这种实践性的学习激发了学生的创造力和探索精神，培养了他们勇于尝试新方法和思维方式的能力。实际运用能力使学生从理论转化为实践，促进了创新思维的发展，为将来的学习和工作奠定了坚实基础。

1. 激发学生的学习兴趣和动机

通过实际运用能力，学生能够将所学知识应用于实际场景中，并解决实际问题。这种实践性的学习过程激发了学生对学习的兴趣和动机，促使他们更加主动地探索和创新。

2. 培养学生的创新能力

实际运用能力培养学生的创新能力，鼓励他们独立思考和提出新颖的观点和解决方案。这种创新能力对学生的综合素养和职业发展至关重要。

（三）职业发展

实际运用能力对学生的职业发展具有重要影响。实际运用能力对学生的职业发展具有重要影响。通过实践性的学习和解决实际问题，学生能够培养在职场中所需的关键能力。实际运用能力要求学生将所学知识和技能应用于实际情境，培养了他们的实际操作能力、创新思维和解决问题的能力。这些能力是职业发展中必不可少的，能够提高学生在工作中的适应性和竞争力。实际运用能力还使学生更加自信和熟悉自己的专业领域，为未来的职业道路打下坚实基础。因此，实际运用能力对学生的职业发展具有重要的积极影响。

1. 提高就业竞争力

具备实际运用能力的学生在求职市场上更具竞争力。雇主通常更倾向于招聘那些能够将所学知识应用于实际工作中的人员，他们能够更快地适应工作环境并解决实际问题。

2. 增强职业发展的灵活性

具备实际运用能力的学生在职业发展中更具灵活性。他们能够适应不同的工作场景和需求，提供创新和有效的解决方案，从而为自己的职业发展开辟更广阔的道路。

（四）培养实际运用能力的方法

1. 实践性任务和项目设计

通过设计实践性任务和项目，让学生将所学知识应用于实际场景中解决问题。这种实践性的学习过程可以培养学生的实际运用能力，并促进他们的问题解决能力和创新思维。

2. 实习和实训机会

提供实习和实训机会，让学生在真实的工作环境中运用所学知识。这样的实践经验能够帮助学生更好地理解和应用所学知识，培养他们的实际运用能力和职业素养。

3. 数学建模和竞赛活动

参与数学建模和竞赛活动，让学生在团队合作和竞争中运用数学知识。这些活动能够培养学生的实际运用能力和创新思维，提高他们的职业发展竞争力。

（五）优势与挑战

1. 优势

（1）实际运用能力可以提高学生的问题解决能力、创新思维和团队合作精神。

（2）学生通过实际运用能力能够将所学知识应用于实际场景中，提高学习的实用性和深度。

（3）实际运用能力能够增强学生的职业发展竞争力和灵活性。

2. 挑战

（1）教师需要设计和组织相关的实践性任务和项目，以及提供相应的资源和支持。

（2）学生可能在开始时感到不适应和困惑，需要教师提供适当的引导和支持。

（3）实际运用能力的培养需要一定的时间和精力投入，学校和教师需要提供相应的支持和机会。

第八章 开放性的教学内容

第一节 选用开放性问题和项目

一、引导学生提出自己的问题和解决方案

引导学生提出自己的问题和解决方案是一种重要的教学方法，可以培养学生的探索精神、创造力和批判性思维。通过这种方式，学生能够更好地理解和应用所学知识，并培养他们的问题解决能力和创新思维。

（一）问题发现

1. 培养学生的观察和思考能力

教师可以通过引导学生观察和思考现实生活中的问题，激发他们提出自己的问题。例如，在物理课上，教师可以引导学生观察并思考日常生活中的物理现象，如摩擦力的作用、声音的传播等。

2. 创设情境和情景

教师可以创设情境和情景，让学生在特定环境中发现问题。例如，在历史课上，教师可以设计一个虚构的历史事件，让学生思考其中存在的问题和矛盾。

（二）解决方案设计

1. 提供资源和指导

教师在组织实践项目中起着重要的指导和支持作用。为了帮助学生设计解决方案，教师可以提供必要的资源和指导。

教师可以提供相关的书籍、文献资料和教学资源，以帮助学生了解背景知识和相关理论。这些资源可以包括数学、物理、工程等方面的参考书籍、学术文章和实践案例。通过阅读和研究这些资源，学生可以深入了解相关概念和原理，为设计解决方案提供基础。

教师还可以提供实验设备和技术工具，让学生能够进行实际操作和测试。这些设备可能涉及测量仪器、计算机软件、制造工具等。通过使用这些设备和工具，学生可以验证他们的设计方案，并获取实际数据来支持他们的分析和结论。

教师还可以提供指导和建议，涵盖研究方法、数据分析和报告撰写等方面。他们可以引导学生如何制定合适的研究问题和目标，选择合适的数据收集方法和分析技巧。同时，教师还可以指导学生如何将他们的研究结果整理成清晰、准确的报告，以展示他们的发现和成果。

教师的指导和资源支持对于学生在实践项目中的成功非常关键。它们能够帮助学生充分利用所学知识和技能，解决实际问题，并提高他们的学习体验和成果。

2. 鼓励多样化的解决方案

教师在引导学生设计解决方案时，应该鼓励学生提出多样化的解决方案，并促进他们的创造性思维和探索精神。通过激发学生的想象力和创新能力，教师可以帮助他们发现新颖的方法和独特的解决方案。

为了实现这一目标，教师可以提供启发性的问题和提示，以激发学生的思考。这些问题和提示可以涉及不同的角度、观点和方法，鼓励学生从不同的角度思考问题，并寻找创新的解决方案。例如，教师可以问学生："有没有其他可能的方法来解决这个问题？"或者"你能否将已学知识应用于这个情境之外的领域？"

教师还可以鼓励学生进行小组讨论和合作，分享彼此的想法和观点。通过交流和合作，学生可以相互启发，互相补充，并从不同的角度得到灵感和建议。这样的合作氛围能够激发学生的创造性思维，并促进他们的探索精神。

教师还应该给予学生足够的自主空间，鼓励他们勇于尝试和实践。学生应该被鼓励相信自己的想法和创意，并充分发挥他们的创造潜能。教师可以提供支持和指导，但要给予学生足够的自由度，让他们有机会探索和发展自己独特的解决方案。

（三）评价反思

1. 学生展示和讨论

学生可以通过展示和讨论自己的问题和解决方案，向其他同学和教师展示他们的成果。这种展示和讨论过程可以促进学生之间的交流和合作，互相借鉴和改进彼此的想法。

学生通过展示问题和解决方案，有机会向其他同学和教师展示他们在项目中所做的工作和取得的成果。这样的展示不仅提供了对学生努力的认可，还为其他人提供了学习和启发的机会。其他同学和教师可以从中获得新的思路、方法和观点，加深对问题的理解和解决方案的掌握。

展示过程也为学生提供了一个分享和交流的平台。学生可以与其他同学和教师一起讨论项目中遇到的问题、挑战和解决方法。这种讨论过程激发了学生的思维活跃性和创新性，促使他们从不同的角度审视问题，并通过倾听和分享来拓宽自己的视野。

展示和讨论也为学生提供了改进和反思的机会。其他同学和教师可以提出建议和意见，帮助学生发现问题和改进解决方案。通过接受他人的反馈和批评，学生能够更加客观地审视自己的工作，并在日后的学习和项目中进行改进。

展示和讨论过程还有助于培养学生的表达和沟通能力。通过向其他人解释问题和解决方案，学生能够提高自己的学术表达能力和逻辑思维能力。同时，倾听和理解他人的观点也培养了学生的团队合作和批判性思维能力。

学生可以通过展示和讨论自己的问题和解决方案，向其他同学和教师展示他们的成果。这种展示和讨论过程促进了学生之间的交流和合作，互相借鉴和改进彼此的想法。通过分享和接受反馈，学生能够获得新的思路和方法，并提高自己的学术表达和沟通能力。这样的展示和讨论有助于提高学生的问题解决能力和全面发展。

2. 反思和改进

学生应该对自己的问题和解决方案进行反思，并寻找改进的方式和机会。教师可以引导学生回顾整个过程，总结经验教训，并提出对自己和他人的建议。

反思是一个重要的学习策略，通过反思学生能够审视自己的工作并发现改进的机会。学生可以反思项目中遇到的问题、挑战和解决方法，分析其中的成功和失败因素，明确改进的方向。这样的反思有助于培养学生的批判性思维和自我评价能力。

教师在这个过程中起到引导和指导的作用。教师可以组织反思讨论，引导学生回顾整个项目的过程，分享彼此的经验和教训。通过鼓励学生提出问题和思考解决方案的有效性，教师能够促使学生深入思考，并从中获得启示和成长。

在反思中，学生可以提出对自己和他人的建议。他们可以思考如何改善自己的方法和技巧，如何更好地与团队合作，以及如何向他人提供有益的建议和支持。这样的思考和建议不仅有助于学生个人的发展，也促进了团队的协作和合作。

学生通过反思和寻找改进的方式和机会，能够提高问题解决能力和自我调整能力。他们可以从中获得宝贵的经验教训，并在未来的学习和项目中应用这些经验。同时，学生也能够增强自信心和动力，更好地面对未来的挑战。

学生应该对自己的问题和解决方案进行反思，并寻找改进的方式和机会。教师可以引导学生回顾整个过程，总结经验教训，并提出对自己和他人的建议。这样的反思有助于培养学生的批判性思维和自我评价能力，促进个人和团队的成长和发展。

二、鼓励学生发展独立思考和探究精神

独立思考和探究精神是培养学生创新能力和终身学习的重要素质。鼓励学生独立思考和探究可以激发他们的好奇心、自主学习能力和问题解决能力。

（一）提供学习环境

1. 培养积极的学习氛围

教师应该营造积极的学习氛围，鼓励学生敢于提问、表达自己的观点和批判性思考。通过赞扬和鼓励学生的努力和创造性思维，促使他们更加愿意尝试和独立思考。

2. 提供资源和支持

教师应该提供必要的资源和支持，帮助学生开展自主学习和探究活动。这

些资源可以包括书籍、文献资料、实验设备和技术工具等，支持可以涵盖问题解答、指导和反馈等方面。

（二）引导问题提出

1. 提供启发性的问题和情境

教师在课堂中可以提供启发性的问题和情境，以激发学生的思考和探究。这些问题和情境应该具有挑战性和实际意义，能够引起学生的好奇心和求知欲。

通过提出挑战性的问题，教师可以鼓励学生思考更深层次的问题和解决方法。这些问题可能涉及不同的观点、理论或应用领域，需要学生运用所学知识进行分析和推理。例如，在数学课堂上，教师可以提出一个复杂的几何问题，让学生思考如何应用几何原理来解决它。这样的问题能够激发学生的思维，培养他们的问题解决能力和创新思维。

教师还可以引入实际情境，将学习内容与现实生活联系起来。通过将学习内容置于实际背景中，学生能够更加直观地理解知识的实际应用价值。例如，在物理课上，教师可以引入一个关于能源利用的问题，让学生思考如何运用物理原理来优化能源使用和节约。

教师还可以鼓励学生进行自主探究和研究。提供一些情境或案例，让学生自己寻找解决问题的途径和方法。这样的探究过程可以培养学生的自主学习能力和探索精神，激发他们对知识的独立思考和深入理解。

教师通过提供启发性的问题和情境，引导学生思考和探究。这种教学方式能够激发学生的好奇心和求知欲，培养他们的问题解决能力和创新思维。同时，将学习内容与实际情境联系起来，能够让学生更加直观地理解知识的实际应用价值。教师还可以鼓励学生进行自主探究和研究，培养他们的自主学习能力和探索精神。

2. 培养批判性思维

教师在培养学生时应该注重培养他们的批判性思维能力，这是一种关键的学习技能。通过引导学生不断质疑和思考已有的观点和结论，教师可以激发学生的好奇心和求知欲，并促使他们独立思考和寻找新的解决方案。

为了培养批判性思维，教师可以提供具有挑战性和争议性的问题，鼓励学生深入思考和辩论。这样的问题可能涉及不同的观点、理论或伦理标准，需要学生从多个角度进行分析和评估。例如，在社会科学课程中，教师可以提出一个争议性的道德问题，让学生就不同的伦理观点进行讨论和辩论。通过这样的讨论，学生将被鼓励思考自己的价值观和观点，并学会尊重和接纳其他人的意见。

教师还可以引导学生进行信息收集和评估，培养他们对信息的批判性思维。在信息时代，学生面临着大量的信息源，包括网络、社交媒体等。教师可以教授学生如何辨别可靠和不可靠的信息来源，如何评估信息的可信度和偏见。通过培养学生对信息的批判性思维，他们将能够更加明智地做出决策和判断。

除了提供具体的问题和指导，教师还应该鼓励学生在学习中保持开放的心态和质疑的精神。学生应该被鼓励提出问题，并勇于挑战已有的观点和结论。教师可以提供一个安全和支持性的学习环境，让学生感到自由表达自己的想法和疑问。

教师在培养学生时应注重培养他们的批判性思维能力。通过引导学生质疑和思考已有的观点和结论，教师可以激发学生的好奇心和求知欲，并促使他们独立思考和寻找新的解决方案。这种批判性思维的培养将帮助学生在面对复杂的问题和信息时，能够更加理性和明智地做出决策和判断。

（三）促进自主学习

1. 设计开放性的任务和项目

教师可以设计开放性的任务和项目，让学生根据自己的兴趣和目标来进行自主学习。在这个过程中，学生能够选择合适的资源和方法，独立思考和解决问题。

2. 提供自主学习的指导和反馈

教师在学生进行自主学习时可以提供必要的指导和反馈。这种指导和反馈应该注重学生的自主性和创造性，激发他们进一步探索和思考。

三、分析开放性教学内容对学生创新能力的培养

开放性教学是一种以学生为中心、强调学生主动参与和自主学习的教学方

法。开放性教学内容提供了探索和创新的机会，有助于培养学生的创新能力和终身学习的素质。

（一）问题解决能力

开放性教学内容对学生的问题解决能力有积极影响。通过自主探索和实践应用，学生能够培养分析问题、寻找解决方案和创新思维的能力。开放性教学鼓励学生主动提出问题，并通过合作和探究来解决问题。这样的学习环境激发了学生的探索精神和批判性思维，使他们能够灵活应用所学知识和技能，更好地解决复杂的现实问题。

1. 提供挑战性的问题

开放性教学内容可以提供挑战性的问题，激发学生思考和解决问题的能力。这些问题通常没有确定的答案，需要学生自主探索和独立思考，培养他们的问题识别和分析能力。

2. 培养创新的解决方案

开放性教学内容鼓励学生提出多样化的解决方案，培养他们的创新思维和解决问题的能力。学生在自主学习和探索的过程中，能够运用所学知识和技能，提出新颖的解决方案，并评估其可行性和效果。

（二）创造性思维

开放性教学内容对学生的创造性思维有积极影响。通过自主探索和自由思考，学生能够培养独立思考、提出新观点和解决问题的能力。开放性教学鼓励学生发展自己的想法，激发他们的创造力，并提供多样化的学习机会。这样的学习环境促进了学生的创新意识和创造性思维，激发了他们在学术和现实生活中寻找新颖解决方案的能力。

1. 激发学生的好奇心和求知欲

开放性教学内容激发了学生的好奇心和求知欲，促使他们主动探索和学习。学生通过自主学习和独立思考，能够培养创造性思维和探究精神，从而产生新的想法和观点。

2. 提供创新的学习环境

开放性教学内容提供了创新的学习环境，鼓励学生尝试新的方法和角度来解决问题。这种学习环境能够培养学生的创新能力和批判性思维，让他们敢于质疑和思考已有的观点和结论。

（三）团队合作

开放性教学内容对学生的团队合作能力有积极影响。通过自主探索和合作解决问题，学生能够培养团队合作和协作能力。开放性教学鼓励学生分享想法、合作讨论，并共同寻找解决方案。这样的学习环境促进了学生之间的互动和合作，培养了他们的沟通、协调和领导能力，为未来的团队合作打下坚实基础。

1. 鼓励合作与交流

开放性教学内容鼓励学生进行合作与交流，共同解决问题。学生在团队合作中能够相互支持和借鉴，发挥个人优势，形成整体的创新力量。

2. 培养协作与沟通技巧

开放性教学内容培养学生的协作与沟通技巧，让他们学会有效地与他人合作和交流。这种能力对于学生未来的职业发展和社交能力都具有重要意义。

第二节　培养学生的探究精神和创新思维

一、提供多样化的探究任务和资源

小学阶段是培养学生数学兴趣和基础的关键时期。为了激发学生对数学的兴趣和培养他们的数学思维能力，教师可以通过提供多样化的探究任务和资源来丰富数学教学。教师可以设计有趣的问题和挑战，让学生主动思考、探索和解决问题。同时，教师还可以利用游戏、实物模型、数学工具等资源来呈现数学概念和技巧，使学习过程更加生动有趣。这样的多样化教学方法能够激发学生的好奇心和求知欲，培养他们的观察、推理和解决问题的能力，从而建立起良好的数学基础和持续的学习兴趣。

（一）任务设计

1. 开放性问题

任务设计应包含开放性问题，激发学生的思考和探索欲望。这种类型的问题没有明确的答案，鼓励学生提出自己的猜想和解决方案，并通过实践验证和调整。开放性问题培养学生的批判性思维、创造性思维和解决问题的能力，使他们在数学学习中更加主动和积极参与。这样的任务设计鼓励学生思考多种可能性，培养他们的逻辑推理和实践应用能力，同时也增强了学生的自信心和学习动力。

2. 创造性任务

创造性任务要求学生运用所学知识和技能，设计和制作自己的作品或解决方案。例如，学生可以设计一个数学游戏、编写一个数学故事或制作一个数学模型。这样的任务激发了学生的创造力和想象力，同时也加强了他们对数学概念和原理的理解和应用。通过参与创造性任务，学生能够锻炼创新思维和问题解决能力，并展示自己的成果。这种实践性学习不仅提高了学生的数学能力，还培养了他们的创造性表达和沟通能力，为进一步的学习和发展奠定了基础。

（二）资源选择

1. 多媒体资源

多媒体资源可以丰富小学数学教学的形式和内容。教师可以利用计算机软件、互动演示和在线学习平台等多媒体资源，为学生提供更具趣味性和直观性的学习体验。

2. 实物资源

实物资源能够让学生亲身体验数学概念和现象。例如，教师可以使用具体的物品如卡片、积木或天平来展示几何形状、数值关系和平衡原理等。

（三）评价方法

1. 综合评价

综合评价方法注重对学生全面能力的评估，包括数学思维、问题解决、沟通和合作等方面。教师可以通过观察、记录和讨论等方式，评估学生在探究任务中的表现和成长。

观察是评估学生的关键能力的重要手段之一。教师可以观察学生在探究任务中的思考过程、解决问题的策略以及与他人的合作情况。通过观察，教师可以了解学生的数学思维方式、分析和推理能力，以及团队合作和沟通的表现。

记录也是评估学生能力的重要方法。教师可以记录学生在探究任务中的学习过程和成果，包括他们提出的问题、使用的方法、遇到的困难和取得的进展。这样的记录可以帮助教师更全面地评估学生的表现，并为后续的反馈和指导提供依据。

讨论是评估学生能力的有益途径。教师可以与学生进行个别或小组讨论，让他们分享自己的思考和解决方案，互相交流和借鉴。通过讨论，教师可以了解学生的表达能力、批判性思维和合作能力，并提供针对性的反馈和指导。

通过综合评价方法，教师能够全面了解学生在探究任务中的表现和成长。这样的评价方法不仅注重学生数学知识的掌握，还关注他们的思维方式、问题解决能力和社交能力。综合评价有助于发现学生的优点和改进的空间，并为个别化的教学提供指导和支持。

2. 反思和自评

学生可以通过反思和自评来参与评价过程。他们可以回顾自己的学习过程，思考自己的收获和不足，并提出改进的建议。这种自主参与评价的方式有助于学生发展自我认知和自主学习的能力。

学生通过反思能够审视自己的学习过程和成果，意识到自己的优势和改进的方向。他们可以思考自己在探究任务中所做的决策、解决问题的方法和遇到的困难。通过这样的反思，学生可以更好地理解自己的学习风格、学习策略和学习需求。

自评是学生对自己学习表现进行评价和反馈的过程。学生可以根据自己的标准和目标，评估自己在探究任务中的表现和成长。他们可以思考自己的数学思维能力、问题解决能力、沟通和合作能力等方面，并给出具体的自我评价。

通过参与评价过程，学生能够培养自我认知和自主学习的能力。他们学会观察、分析和评估自己的学习过程，发现自己的优点和改进的空间。同时，学生也能够提出自己的改进建议和行动计划，为未来的学习设立目标并制定相应的策略。

这种自主参与评价的方式激发了学生的主动性和责任感，促使他们更加积极地参与学习过程。通过反思和自评，学生能够更好地理解自己的学习需求和发展方向，从而更加有效地进行学习和成长。

二、培养学生的合作探究和创新意识

在小学数学教学中，培养学生的合作探究和创新意识是非常重要的。通过合作探究，学生能够共同解决问题、交流思想，并培养团队合作精神。而创新意识则激发学生的创造力和创新思维，让他们能够提出新颖的观点和解决方案。

（一）合作学习

1. 小组合作

教师可以组织学生形成小组，在小组内进行合作探究活动。学生可以互相交流和讨论自己的思考过程，分享解决问题的方法和策略。这种小组合作能够培养学生的合作精神和团队协作能力。

2. 合作角色分工

教师可以给学生分配不同的合作角色，如组长、记录员和时间管理者等。通过合理的角色分工，学生能够在合作过程中发挥自己的优势和贡献，并培养相互依赖和协作的意识。

（二）创新任务设计

1. 开放性问题

创新任务应该包含开放性问题，激发学生的思考和探索欲望。这种类型的问题没有明确的答案，鼓励学生提出自己的猜想和解决方案，并通过实践验证和调整。

2. 创造性任务

创造性任务要求学生运用所学知识和技能，设计和制作自己的作品或解决方案。例如，学生可以设计一个数学游戏、编写一个数学故事或制作一个数学模型。

（三）评价方法

1. 团队合作评价

团队合作评价方法注重评估学生在合作探究活动中的表现和贡献。教师可以观察学生在小组内的交流和合作情况，评估他们的团队合作精神和角色扮演能力。

2. 创新成果评价

创新成果评价注重评估学生在创新任务中的成果和表现。教师可以评估学生的创造性思维、解决问题能力和创新意识，通过观察作品展示和口头表达等方式进行评价。

三、探索如何激发学生的探究精神和创新思维

激发学生的探究精神和创新思维是小学数学教学与评价中的重要目标。通过培养学生的好奇心、自主学习能力和问题解决能力，可以促使他们积极参与数学学习，并培养创新思维和创造力。

（一）引发好奇心

1. 创设情境和问题

教师可以创设情境和问题，引发学生的好奇心。例如，在数学课上，教师可以提出一个有趣的问题或情景，让学生思考并产生探究的欲望。

2. 激发学生的疑问和质疑

教师应该鼓励学生提出问题、表达疑问和质疑已有的观点。通过回答学生的问题和引导他们寻找答案，可以激发学生的好奇心和探究精神。

（二）提供探究机会

1. 引导学生自主学习

教师应该引导学生进行自主学习，让他们根据自己的兴趣和目标来进行探究活动。通过给予学生自由选择的权力，可以激发他们的主动性和独立思考能力。

2. 设计探究任务和项目

教师可以设计具有挑战性和开放性的探究任务和项目。这些任务和项目要求学生运用所学知识和技能，解决实际问题，并鼓励他们提出新颖的观点和解决方案。

（三）鼓励创新

1. 提供创造性的学习环境

教师应该营造创造性的学习环境，鼓励学生尝试新的方法和角度来解决问

题。通过鼓励学生表达自己的想法和独特观点，可以培养他们的创新思维和创造力。

2. 推崇多样化的解决方案

教师应该推崇多样化的解决方案，鼓励学生提出不同的观点和解决方法。通过欣赏和尊重学生的创新成果，可以激发他们的创造力和自信心。

（四）评价方法

1. 创新性评价

教师可以采用创新性评价方法，评估学生在探究和创新过程中的表现和成果。这种评价方法注重学生的思考过程、解决问题能力和创新意识，而不仅仅是结果。

2. 反思和自我评价

学生应该参与评价过程，通过反思和自我评价来了解自己的学习和成长。他们可以回顾自己的探究和创新过程，思考自己的收获和不足，并提出改进的建议。

（五）优势与挑战

1. 优势

（1）激发学生的探究精神和创新思维能够培养他们的好奇心、自主学习能力和问题解决能力。

（2）学生通过探究和创新能够更深入地理解和应用数学知识，提高学习的实用性和深度。

（3）鼓励学生的探究精神和创新思维能够培养他们的创造力和创业精神，为未来的学习和职业发展打下坚实的基础。

2. 挑战

多样化的评价方法可能需要更灵活和个性化的教学管理和评价体系。

第九章　多样性的教学方法

第一节　整体教学法与分组合作法结合

一、探讨整体教学法和问题解决方法的应用

在小学数学教学中，整体教学法和问题解决方法是有效的教学策略。整体教学法强调将知识和技能融入实际情境中，培养学生的综合思考能力。问题解决方法注重培养学生的问题解决和创新能力。

（一）整体教学法的应用

1. 情境营造

整体教学法强调将数学知识和技能融入实际情境中。教师可以通过引入有趣的故事、游戏或真实问题，创设一个具有挑战性和启发性的情境，激发学生的学习兴趣和主动性。

2. 任务设计

整体教学法鼓励学生通过探究、观察和实践等方式来学习数学。教师可以设计多样化的任务，如探索活动、研究项目或实践任务，让学生在实际情境中运用所学知识和技能解决问题。

（二）问题解决方法的应用

1. 引导学生提出问题

问题解决方法强调培养学生的问题意识和解决问题的能力。教师可以引导学生提出问题，激发他们的好奇心和探究欲望。通过鼓励学生思考和提问，培养他们主动学习和自主解决问题的能力。

2. 提供解决问题的策略

问题解决方法注重培养学生的解决问题的策略。教师可以引导学生运用不

同的解决方法，如逻辑推理、模型构建和图表分析等，帮助他们找到合适的解决方案，并培养他们的创新思维和创造力。

（三）评价方法

1. 综合评价

综合评价方法注重评估学生的整体能力和综合素质。在小学数学教学与评价中，教师可以通过观察、记录和讨论等方式，评估学生在整体教学和问题解决过程中的表现和成长。

2. 项目评价

项目评价方法注重评估学生在实际项目中的解决问题和创新能力。教师可以评估学生的项目成果、解决问题的过程和思维方式，并给予针对性的反馈和指导。

二、引入小组合作和互助学习的策略

在小学数学教学中，引入小组合作和互助学习的策略是非常有效的。小组合作可以促进学生之间的交流和合作，培养团队精神和协作能力。而互助学习则可以帮助学生相互理解和支持，提高学习效果。

（一）合作学习

1. 小组合作

小组合作是一种有效的合作学习策略。教师可以将学生分成小组，在小组内进行合作学习活动。学生可以互相交流和讨论自己的思考过程，分享解决问题的方法和策略。这种小组合作能够培养学生的合作精神和团队协作能力。

2. 合作角色分工

合作角色分工是促进小组合作的重要方式。教师可以给学生分配不同的合作角色，如组长、记录员和时间管理者等。通过合理的角色分工，学生能够在合作过程中发挥自己的优势和贡献，并培养相互依赖和协作的意识。

（二）互助学习

1. 合作解题

互助学习是一种有效的学习方式，可以通过合作解题来实现。教师可以将学生组成小组，让他们共同解决数学问题。在合作解题过程中，学生可以相互交流和分享自己的思路和解决方法，相互检查和纠正错误。

通过合作解题，学生能够从其他同学那里获取新的观点和思考方式。不同学生可能有不同的解题思路和策略，他们可以相互借鉴和启发，从而拓宽自己的思维方式。此外，学生在讨论和交流中也会提出疑问和质疑，激发思维的深度和广度。

在合作解题过程中，学生还可以相互检查和纠正错误。每个学生都有机会分享自己的理解和答案，其他同学可以对其进行审查和评估。这样的互动可以帮助学生发现和纠正自己的错误，加深对数学概念和解题方法的理解。

互助学习通过合作解题，不仅可以提高学生的问题解决能力，还可以促进他们的理解深度。学生在解题过程中可以通过彼此的讨论和解释，加深对数学概念和原理的理解。同时，通过与其他同学合作，学生还能够培养团队合作和沟通能力，为日后的学习和职业发展打下基础。

2. 互相辅导

互助学习通过互相辅导来实现是一种非常有益的学习方式。教师可以鼓励学生相互辅导，即强者帮助弱者。在小组内，学生可以互相解释和讲解知识点，帮助彼此理解和掌握数学概念。

通过互相辅导，学生能够加深对知识的理解和记忆。当一个学生将自己的理解和解题方法分享给其他同学时，他们需要以简明扼要的方式表达清楚，并确保其他人理解。这个过程中，分享者不仅复习了自己的知识，还通过解释和演示帮助他人理解。而倾听者则通过聆听和提问来加深自己对知识的理解和应用。

互相辅导也能够建立友善和合作的关系。学生之间的合作和帮助可以促进良好的团队氛围和相互尊重。在这样的环境下，学生更愿意分享自己的思考和疑问，同时也更愿意接受他人的帮助和指导。这种友善和合作的关系有助于创造积极的学习氛围，提高学生的学习动机和参与度。

教师在互助学习中的角色是引导者和组织者。教师可以设定合适的任务和问题，激发学生的思考和讨论。同时，教师还可以提供必要的支持和指导，确

保学生在互相辅导的过程中获得正确的知识和技巧。（三）评价方法

1. 团队合作评价

团队合作评价是对小组合作学习的评估方法。教师可以观察学生在小组内的交流和合作情况，评估他们的团队合作精神和角色扮演能力。同时，学生也可以通过评价自己和小组成员的表现，培养自我评价和团队协作能力。

2. 合作解题评价

合作解题评价是对互助学习的评估方法。教师可以观察学生在合作解题过程中的表现，评估他们的问题解决能力和合作效果。同时，学生也可以通过评价自己和小组成员的贡献，培养自我评价和互助学习能力。

三、分析不同教学方法的优缺点和适用情境

小学数学教学是培养学生数学思维和解决问题能力的重要阶段。选择合适的教学方法对于提高学生的学习效果至关重要。不同的教学方法在小学数学教学中都有其优缺点和适用情境。直接教学法适合新概念和基础技能的传授，探究式教学法能够培养学生的思考和解决问题能力，游戏化教学法可以激发学生的兴趣和参与度，个性化教学法能够满足学生的个性化需求。不同的教学方法也可以结合使用，以创造更多元化和有益的学习体验。

（一）直接教学法

1. 优点

（1）教师角色明确，指导学生学习的过程，有利于知识的传授和技能的掌握。

（2）教师可以通过示范和解释，引导学生正确理解数学概念和方法。

（3）可以提供清晰的结构化学习路径，逐步引导学生由简单到复杂的学习过程。

2. 缺点

（1）学生被动接受知识，缺乏主动性和创造性。

（2）可能会导致学生对数学的兴趣和动机下降。

（3）不能满足每个学生的个性化学习需求。

3．适用情境

（1）引入新的数学概念和方法时，直接教学法可以提供清晰的指导。

（2）学生基础较薄弱或需要掌握基本技能时，直接教学法有助于帮助他们建立起基础。

（二）探究式教学法

1．优点

（1）培养学生的自主学习和探究能力，激发他们的学习兴趣。

（2）帮助学生发展数学思维和解决问题的能力。

（3）提供学生合作与交流的机会，培养团队合作和沟通能力。

2．缺点

（1）教师的角色由指导者变为引导者，需要更多的时间和精力来组织学生的学习活动。

（2）对于一些抽象和复杂的数学概念，学生可能需要额外的支持和指导。

（3）学生之间的合作可能存在不平衡和冲突。

3．适用情境

（1）当学生已经具备一定的数学基础和解决问题能力时，探究式教学法可以进一步培养他们的思考和探索能力。

（2）鼓励学生进行实践和探索的数学课题或项目中，探究式教学法可以激发学生的创造性和探索精神。

（三）游戏化教学法

1．优点

（1）提供积极的学习体验，激发学生的兴趣和参与度。

（2）培养学生的竞争意识和团队合作精神。

（3）通过游戏化元素，将数学知识融入到有趣和具体的情境中。

2．缺点

（1）可能偏离了数学学习的重点，过于注重游戏本身而忽略了数学思维和问题解决能力的培养。

（2）需要确保游戏内容与数学学习目标的紧密结合，避免降低学习的深度和广度。

（3）需要选择适当的游戏形式，以确保所有学生都能够积极参与和受益。

3. 适用情境

（1）当学生对传统教学方式缺乏兴趣时，游戏化教学法可以提供新颖和吸引人的学习方式。

（2）在复习或巩固阶段，通过游戏化教学法可以增加学生的动力和参与度。

（四）个性化教学法

1. 优点

（1）根据学生的特点和需求，提供定制化的学习内容和方式。

（2）尊重学生的差异，充分发挥他们的潜力和优势。

（3）提供针对性的反馈和指导，帮助学生理解和解决困难。

2. 缺点

（1）需要更多的资源和时间来设计和实施个性化教学。

（2）教师需要具备较高的专业素养和教学能力，以满足不同学生的需求。

（3）学生之间的差异可能导致管理和组织上的挑战。

3. 适用情境

（1）当班级中存在明显的学习差异时，个性化教学法可以更好地满足学生的学习需求。

（2）当学生已经掌握基本知识和技能，进一步深入学习和拓展时，个性化教学法可以提供更多的挑战和发展机会。

第二节　利用多媒体技术和教育游戏

一、探索数学软件和在线资源的应用

随着科技的发展，数学软件和在线资源在小学数学教学中扮演着越来越重要的角色。数学软件和在线资源在小学数学教学中具有丰富的应用前景。它们能够提供互动性、可视化、个性化和实践性的学习体验，增强学生的学习动机和兴趣，并提高学习效果和成绩。它们能够为学生提供互动性、视觉化和个性化的学习体验，丰富教学内容和方法。然而，教师需要适当引导和监控学生的使用，将其与教学内容整合，设计个性化学习任务，并促进学生之间的合作与分享。未来，随着科技的不断发展和创新，数学软件和在线资源将进一步改善和拓展，为小学数学教学带来更多的机遇和挑战。

（一）数学软件和在线资源的优势

1.互动性：数学软件和在线资源通过多媒体、模拟和游戏等形式，激发学生的兴趣和积极参与。学生可以通过点击、拖拽、操作等方式与内容进行互动，加深理解和记忆。

2.可视化：数学软件和在线资源能够以图表、图像、动画等形式呈现抽象的数学概念和关系，帮助学生更直观地理解和感知数学问题，提高学习效果。

3.个性化学习：数学软件和在线资源具备个性化学习功能，根据学生的学习需求和水平，提供定制化的学习内容和反馈。学生可以根据自己的节奏和能力进行学习，提高学习效率。

4.实践与探索：数学软件和在线资源提供了大量的实践和探索机会，让学生通过实际操作和探究来发现数学规律和解决问题，培养学生的探索精神和创新能力。

（二）数学软件和在线资源的应用情境

1. 数学概念的引入：数学软件和在线资源可以用于引入新的数学概念和知识，通过视觉化和互动性的展示，激发学生对新知识的兴趣和好奇心。

2. 技能训练与巩固：数学软件和在线资源可以为学生提供个性化的技能训练和巩固练习，帮助他们在不同难度和层次上提高技能水平。

3. 问题解决与应用：数学软件和在线资源可以提供真实世界的问题和情境，让学生将数学知识应用于解决实际问题，培养他们的问题解决能力和应用能力。

4. 模拟与实验：数学软件和在线资源可以模拟数学问题和实验，让学生通过调整参数、观察结果等方式，深入理解数学概念和规律。

（三）数学软件和在线资源的评价

1. 学习动机和兴趣：数学软件和在线资源能够激发学生的学习动机和兴趣，

提高他们的参与度和投入感。

2. 学习效果和成绩：通过个性化学习和互动性的特点，数学软件和在线资源有助于提高学生的学习效果和成绩。学生可以根据自己的学习需求进行自主学习，得到及时的反馈和指导。

3. 学习策略和技能：数学软件和在线资源可以培养学生的学习策略和技能，如问题解决、探究、合作与沟通等方面的能力。

4. 教学效率和便捷性：数学软件和在线资源具备教学效率高、内容丰富、随时随地可用等优点，为教师提供了更多的教学资源和工具。

（四）数学软件和在线资源的应用策略

1. 教师引导和监控：教师应该在数学软件和在线资源的使用中扮演指导者和监控者的角色，帮助学生正确理解和使用资源。

2. 整合教学内容：数学软件和在线资源应与教材和课程内容相结合，形成有机的整体，确保教学目标的达成。

3. 个性化学习设计：根据学生的学习需求和水平，设计个性化的学习任务和反馈机制，提供定制化的学习体验。

4. 学生合作与分享：通过数学软件和在线资源，鼓励学生进行合作学习和资源分享，促进彼此之间的互动和学习效果的提升。

二、引入教育游戏和模拟实验的设计

教育游戏和模拟实验作为创新的教学手段，可以提供互动性、实践性和探索性的学习体验。在小学数学教学中引入教育游戏和模拟实验，有助于激发学生的学习兴趣、培养解决问题的能力，并促进深度学习的发展。教育游戏和模拟实验作为创新的教学手段，能够激发学生的学习兴趣、培养解决问题的能力，并促进深度学习的发展。设计教育游戏和模拟实验时，应考虑游戏目标和规则、关卡设计、角色扮演等因素，并与课程内容相结合，提供个性化的学习体验。

（一）教育游戏的设计

1. 游戏目标与规则：确定游戏的目标和规则，使学生明确任务和游戏规则，引导他们积极参与和投入游戏。

2. 关卡设计：根据课程内容和学生的学习进度，设计不同难度的关卡，逐步增加挑战，提高学生的学习效果。

3. 角色扮演：引入角色扮演元素，让学生在游戏中扮演特定角色，通过角色的行动和决策来解决问题，培养学生的决策能力和批判性思维。

4. 协作与竞争：设计合作和竞争机制，鼓励学生在游戏中进行团队合作，分享资源和策略，并促进交流与竞争，提高学习动力和效果。

（二）模拟实验的设计

1. 实践操作：通过模拟实验平台或软件，让学生进行实际操作和观察，深入理解数学概念和规律。

2. 参数调整：设置不同的参数和变量，让学生根据实验结果进行参数调整和分析，探究数学关系和模式。

3. 结果分析与讨论：引导学生对实验结果进行分析和讨论，帮助他们从实验中总结出数学原理和结论，培养科学思维和逻辑推理能力。

4. 探索性实验：给学生一定的自由度和探索空间，鼓励他们提出问题、假设和猜想，并进行实验验证，培养学生的探究精神和创新思维。

（三）教育游戏和模拟实验的应用场景

1. 概念引入与复习：通过游戏化和模拟实验的形式，引入和复习数学概念，帮助学生理解和记忆抽象的数学概念。

2. 问题解决与探索：通过游戏和实验情境，让学生运用数学知识解决实际问题，培养他们的问题解决能力和应用能力。

3. 模式发现与规律归纳：通过模拟实验，让学生观察和分析数据，发现数学模式和规律，提高他们的归纳和推理能力。

4. 知识巩固与拓展：设计游戏关卡和模拟实验，帮助学生巩固已学知识，并提供拓展的学习机会，满足不同学生的学习需求。

（四）教育游戏和模拟实验的评价

1. 学习动机和兴趣：教育游戏和模拟实验能够激发学生的学习动机和兴趣，提高他们的参与度和投入感。

2. 学习效果和成绩：通过互动性和实践性的特点，教育游戏和模拟实验有助于提高学生的学习效果和成绩。

3. 问题解决与思维能力：教育游戏和模拟实验培养学生的问题解决能力、探索精神和创新思维。

4. 合作与沟通能力：教育游戏和模拟实验提供合作和竞争的机会，促进学生之间的交流与合作，培养团队合作和沟通能力。

（五）设计教育游戏和模拟实验的注意事项

1. 与 课程内容的结合：教育游戏和模拟实验应与课程内容相结合，确保教学目标的达成。

2. 学习任务的明确性：游戏和实验的任务和目标应明确，使学生在参与过程中具有清晰的方向感。

3. 难度和挑战的平衡：游戏关卡和实验设计中，难度和挑战应适度，使学生在兴趣和挑战之间找到平衡。

4. 学生反馈与引导：游戏和实验中，应提供及时的学生反馈和引导，帮助他们理解和改进自己的学习策略和方法。

三、分析多媒体技术和教育游戏对学生学习的影响

多媒体技术和教育游戏作为现代教育中的创新工具，为小学数学教学带来了新的可能性。它们以图像、声音、视频和互动等形式，丰富了教学内容和方法，激发学生的学习兴趣和积极性。

（一）多媒体技术对学生学习的影响

1. 视觉化学习

（1）多媒体技术通过图像、图表、动画等形式，将抽象的数学概念可视化，帮助学生更直观地理解和记忆。

（2）可视化学习提供了与纸质教材不同的感官体验，激发学生的好奇心和探索欲望。

2. 互动性学习

（1）多媒体技术通过互动元素，如点击、拖拽、操作等，提供了学生与教学内容进行互动的机会，增强了学习的参与度和投入感。

（2）学生可以根据自己的节奏和兴趣，自主选择学习路径和深度，提高学习效率。

3. 个性化学习

（1）多媒体技术具备个性化学习的特点，根据学生的学习需求和水平，提供定制化的学习内容和反馈。

（2）学生可以根据自己的学习风格和能力进行个性化的学习，提高学习的效果和满意度。

4. 语言发展和表达能力

（1）多媒体技术通过声音、录像等形式，提供了语言发展和表达能力的机会。学生可以通过听力训练、口语表达等方式，提高语言能力和沟通技巧。

（二）教育游戏对学生学习的影响

1. 激发学习兴趣

（1）教育游戏以游戏化的形式呈现数学学习，激发学生的学习兴趣和积极性。

（2）游戏中的角色扮演、关卡挑战等元素，增加了学习的趣味性和动力。

2. 问题解决能力

（1）教育游戏鼓励学生通过解决问题、寻找答案等方式学习数学。学生在游戏过程中培养了问题解决和逻辑思考的能力。

（2）游戏中的难题和挑战激发了学生主动思考和创新思维的能力。

3. 合作与竞争

（1）教育游戏可以促进学生之间的合作和竞争，提高团队协作和沟通能力。

（2）学生可以在游戏中分享资源、制定策略，并与他人进行竞争，增强了学习动力和效果。

4. 自主学习和反馈

（1）教育游戏为学生提供了自主学习的机会，学生可以按照自己的节奏和能力进行学习。

（2）游戏中及时的反馈和引导，帮助学生纠正错误、改进学习策略，提高学习效果。

（三）多媒体技术和教育游戏的适用情境

1. 引入新概念和知识：多媒体技术和教育游戏可以通过视觉化和互动性的展示，引入和复习数学概念，帮助学生理解和记忆。

2. 技能训练与巩固：多媒体技术和教育游戏可以提供个性化的技能训练和巩固练习，帮助学生在不同难度和层次上提高技能水平。

3. 问题解决与探索：多媒体技术和教育游戏可以通过实际问题和情境，让学生运用数学知识解决实际问题，培养他们的问题解决能力和应用能力。

4. 形象思维和空间想象：多媒体技术和教育游戏可以通过图像、图表、模拟等形式，培养学生的形象思维和空间想象能力。

（四）多媒体技术和教育游戏的评价

1. 学习动机和兴趣：多媒体技术和教育游戏能够激发学生的学习动机和兴趣，提高他们的参与度和投入感。

2. 学习效果和成绩：通过视觉化和互动性的特点，多媒体技术和教育游戏有助于提高学生的学习效果和成绩。

3. 问题解决与思维能力：多媒体技术和教育游戏培养学生的问题解决能力、探索精神和创新思维。

4. 合作与沟通能力：教育游戏可以促进学生之间的合作和竞争，培养团队合作和沟通能力。

（五）设计多媒体技术和教育游戏的注意事项

1. 教学目标和内容：设计多媒体技术和教育游戏时，应与教学目标和内容相结合，确保学习的有效性。

2. 学习任务的明确性：多媒体技术和教育游戏中的学习任务和目标应明确，使学生在参与过程中具有清晰的方向感。

3. 难度和挑战的平衡：多媒体技术和教育游戏的难度和挑战应适度，以满足不同学生的学习需求和能力水平。

4. 学生反馈与引导：多媒体技术和教育游戏中应提供及时的学生反馈和引导，帮助他们理解和改进学习策略和方法。

　　多媒体技术和教育游戏作为创新的教学工具，对小学数学学生学习产生了积极的影响。它们通过视觉化、互动性、个性化和实践性等特点，激发学生的学习兴趣、提高学习效果，并培养学生的问题解决能力、合作与沟通能力。设计多媒体技术和教育游戏时，需要与教学目标和内容相结合，明确学习任务和难度，同时提供及时的学生反馈和引导。

第十章　参与性的教学过程

第一节　培养学生的主动参与和合作精神

一、探讨学生在课堂中的角色和责任

在小学数学教学中，学生不仅是知识的接收者，还应该承担起积极参与、主动思考和合作学习的责任。学生在课堂中的角色和责任的明确性对于提高学习效果和培养综合素养至关重要。

学生在小学数学课堂中承担起主动学习、问题解决和合作分享的角色和责任，对于提高学习效果和培养综合素养具有重要影响。通过主动学习、问题解决和合作分享，学生能够增强学习动机和兴趣，提高学习效果和成绩，培养自主学习和综合素养。教师可以结合个性化教育的理念和方法，更好地满足学生的学习需求，帮助他们在数学学习中取得更好的成绩和发展。

（一）学生的主动学习责任

1. 自主学习：学生应具备自主学习的意识和能力，主动参与学习活动，独立思考和探索问题，培养自主学习的习惯。

2. 学习目标设定：学生应了解和设定学习目标，明确学习任务和要求，制定学习计划，根据目标进行有针对性的学习。

3. 主动参与：学生应积极参与课堂讨论和活动，提出问题、表达观点，与教师和同学展开互动和交流，丰富课堂学习的内容。

（二）学生的问题解决责任

1. 提问与探究：学生应主动提出问题，积极探索和研究，发现数学规律和关系，培养问题解决的能力。

2. 批判性思维：学生应具备批判性思维，审视问题，分析和评价不同解决

方法的优劣，形成独立的观点和判断。

3. 错误处理：学生应接受错误并从中学习，理解错误产生的原因，并尝试寻找解决错误的途径，培养耐心和坚韧的品质。

（三）学生的合作与分享责任

1. 团队合作：学生应在小组活动和合作项目中与同学合作，共同解决问题，协调合作，培养团队合作和沟通能力。

2. 分享与讨论：学生应愿意分享自己的想法和解决方法，参与课堂讨论，倾听他人的观点，促进知识和经验的交流。

3. 合理竞争：学生应保持良好的竞争态度，尊重他人，以友好的方式与同学竞争，激发学习的动力和兴趣。

（四）学生在课堂中角色和责任的影响

1. 学习动机和兴趣：学生在课堂中积极承担角色和责任，能够提高学习动机和兴趣，增强学习的投入感和满足感。

2. 学习效果和成绩：学生的主动学习、问题解决和合作分享能力的提升，有助于提高学习效果和学业成绩。

3. 综合素养培养：学生在承担角色和责任的过程中，不仅培养了学科知识和技能，还培养了合作与沟通、批判性思维等综合素养。

4. 自主学习能力的发展：学生通过承担角色和责任，逐渐培养了自主学习的意识和能力，为将来的学习和生活打下坚实的基础。

（五）教师的角色和指导

1. 激发学生的主动性：教师应激发学生的主动学习意识，鼓励他们参与课堂讨论、提出问题，培养自主学习的习惯。

2. 提供指导和支持：教师应提供适当的指导和支持，引导学生正确思考和解决问题的方法，促进合作与分享，帮助学生充分发挥潜力。

3. 创建积极的学习环境：教师应创造积极、互动的学习环境，鼓励学生勇于表达、尝试和交流，让学生在舒适和安全的氛围中成长。

4. 个性化教育：教师应根据学生的个体差异和学习需求，设计个性化的学习任务和活动，满足学生的学习兴趣和发展需要。

二、提供创设学习环境促进学生参与的策略

创设学习环境是小学数学教学中不可忽视的重要环节。通过提供舒适和安全的学习环境、教师角色的明确和指导、优质的教学资源和技术应用、活动设计和合作学习、评价和反馈机制以及家校合作等策略，可以有效促进学生的积极参与和全面发展。教师可以结合学科特点和学生需求，灵活运用这些策略，不断优化学习环境，提升学生的学习效果和学习体验，它可以激发学生的学习兴趣、增强学习动力，并提高学习效果。

（一）创设舒适和安全的学习环境

1. 课堂布置：创建一个温馨而富有活力的学习空间，保持教室整洁、明亮，提供充足的自然光线和空气流通。

2. 座位安排：合理安排学生的座位，便于教师的观察和交流，同时鼓励学生之间的合作和互动。

3. 社交互动：培养良好的师生关系和同学关系，鼓励学生之间的友善、尊重和合作，营造积极向上的学习氛围。

（二）教师角色和指导

1. 鼓励参与：教师应鼓励学生积极参与课堂活动，提问和回答问题，表达观点，培养他们的自信心和主动性。

2. 激发兴趣：教师可以通过引入有趣的数学问题、真实的应用情境等方式，激发学生的学习兴趣和好奇心。

3. 关注个体差异：教师应关注学生的个体差异，根据不同学生的特点和需求，提供个性化的指导和支持。

（三）教学资源和技术应用

1. 多媒体技术：利用多媒体技术呈现图像、视频、声音等形式的教学资源，丰富教学内容，提高学习的视觉和听觉体验。

2. 实物材料：提供实物材料和教具，让学生亲身操作和观察，加深对数学概念和原理的理解。

3. 在线资源：利用互联网和在线资源，提供丰富的数学学习资料和互动活动，满足学生个性化学习的需求。

（四）活动设计和合作学习

1. 小组合作：设计小组活动，让学生在小组中进行合作学习，共同解决问题、讨论和分享观点，培养团队合作和沟通能力。

2. 探究性学习：设计探究性的学习活动，鼓励学生通过实践、实验和观察等方式，主动发现数学规律和关系。

3. 项目学习：设计项目学习任务，让学生进行深入的调研和探究，培养学生的问题解决能力和综合素养。

（五）评价和反馈机制

1. 及时反馈：教师应提供及时的反馈，鼓励学生反思和改进，帮助他们理解自己的学习进展和不足之处。

2. 多样化评价：采用多种形式的评价方式，如口头评价、书面评价、自我评价等，全面了解学生的学习情况和表现。

3. 学习档案：建立学生的学习档案，记录学生的学习历程、成果和发展情况，为学生提供有针对性的指导和支持。

（六）家校合作

1. 家长参与：鼓励家长参与学生的数学学习，提供支持和鼓励，与教师共同关注学生的学习进展和需求。

2. 家校沟通：保持良好的家校沟通渠道，定期交流学生的学习情况、问题和建议，促进家校合作共同促进学生的学习发展。

三、分析主动参与和合作精神对学生学习的影响

在小学数学教学中，培养学生的主动参与和合作精神是非常重要的。通过让学生主动参与课堂活动、提出问题、表达观点，并鼓励学生之间的合作与分享，可以促进学生的深入思考、批判性思维和创造力的发展，通过主动参与和合作学习，学生能够提高学习动机和兴趣，增强学习效果和学业成绩，教师可以结合学科特点和学生需求，灵活运用主动参与和合作学习的策略，帮助学生充分发挥潜力，实现全面发展。

（一）主动参与对学生学习的影响

1. 学习动机和兴趣

（1）主动参与能够激发学生的学习动机和兴趣，使他们更加积极投入到学习活动中。

（2）学生通过自己的行动和参与感受到学习的意义和价值，从而增强学习的主动性和积极性。

2. 学习效果和成绩

（1）主动参与有助于提高学生的学习效果和学业成绩。通过主动参与，学生能够更加深入地理解和掌握数学知识和技能。

（2）学生在参与过程中通过思考、表达和交流，巩固学习内容，提高记忆力和理解力。

3. 问题解决能力

（1）主动参与培养学生的问题解决能力。学生在主动参与的过程中，遇到问题时需要思考和寻找解决方案。

（2）通过主动参与，学生能够培养观察力、分析能力和推理能力，提高解决问题的能力和自信心。

4. 综合素养培养

（1）主动参与有助于培养学生的综合素养，包括批判性思维、沟通能力、创造力等方面。

（2）学生在参与过程中不仅要思考和表达自己的观点，还要倾听他人的意见，并能够进行合理的辩论和讨论。

（二）合作精神对学生学习的影响

1. 学习动机和兴趣

（1）合作学习能够激发学生的学习动机和兴趣，增强他们的参与度和投入感。

（2）学生在合作学习中能够相互支持、协作和分享，提高学习的愉悦感和满足感。

2. 学习效果和成绩

（1）合作学习有助于提高学生的学习效果和学业成绩。通过合作学习，学生能够相互交流、共同解决问题，加深对数学知识的理解和应用。

（2）在合作学习中，学生可以互相补充和纠正错误，促进彼此的学习进步。

3. 问题解决能力

（1）合作学习培养学生的问题解决能力。学生在合作学习中需要相互讨论和协商，找出问题的最佳解决方案。

（2）通过合作学习，学生能够培养团队合作、沟通和协调的能力，提高解决问题的效率和质量。

4. 综合素养培养

（1）合作学习有助于培养学生的综合素养，包括团队合作、沟通能力、批判性思维等。

（2）学生在合作学习中需要表达自己的观点、尊重他人的意见，并能够进行有效的交流和合作，培养合作与分享的精神。

（三）如何促进主动参与和合作精神

1. 设计多样化的学习活动：设计能够激发学生兴趣和参与度的多样化学习活动，如小组讨论、角色扮演、项目学习等。

2. 提供积极的反馈和鼓励：及时给予学生积极的反馈和鼓励，肯定他们的努力和贡献，激发他们的学习动力和自信心。

3. 培养合作技能：教授学生合作技能和策略，如有效沟通、团队合作、分工合作等，使他们能够更好地参与合作学习。

4. 创设合作学习环境：创设支持合作学习的环境，如提供合作学习的场所和资源，建立良好的师生和同学关系，促进学生之间的互助和分享。

（四）评价主动参与和合作精神的方法

1. 学习成果评价：通过观察学生在学习中的主动参与和合作精神，评价其学习成果的深度和广度。

2. 合作评价：让学生进行合作评价，互相评价和反馈合作过程中的表现和贡献，促进学生之间的互助和改进。

3.学 习档案：建立学生的学习档案，记录学生在主动参与和合作学习方面的表现和成长，为学生提供个性化的指导和支持。

（五）教师的角色和指导

1. 激发学生的主动性：教师应激发学生的主动学习意识，鼓励他们参与课堂活动、提问和回答问题，培养他们的自信心和主动性。

2. 引导合作与分享：教师应引导学生在合作学习中相互交流和分享观点，倡导互助和协作的精神，培养团队合作能力和沟通能力。

3. 提供指导和支持：教师应提供适当的指导和支持，帮助学生理解学习目标和任务，并鼓励他们独立思考和解决问题。

第二节 创造多种形式的学习活动

一、引入不同形式的小组活动和讨论

小组活动和讨论是促进小学数学教学中学生参与、互动和合作的重要手段。通过引入不同形式的小组活动和讨论，可以激发学生的学习兴趣、提高问题解决能力，并培养团队合作和沟通能力。学生通过小组活动和讨论，能够提高学习效果和问题解决能力，培养合作精神和沟通能力。教师可以结合学科特点和学生需求，灵活运用小组活动和讨论的策略，帮助学生充分发挥潜力，实现全面发展。

（一）引入小组活动和讨论的意义

1. 提高学习效果：小组活动和讨论可以提供学生之间的互动和交流机会，促进彼此的学习，加深对数学概念和方法的理解。

2. 培养合作精神：小组活动和讨论培养学生的团队合作和协作能力，让学生学会倾听他人观点、分享自己的思考，培养合作精神和沟通能力。

3. 激发学习兴趣：小组活动和讨论可以创造有趣的学习氛围，激发学生的学习兴趣和好奇心，提高学习的动机和积极性。

4. 培养批判性思维：小组讨论可以促使学生思考和评价不同观点，培养他们的批判性思维和分析能力。

（二）引入不同形式的小组活动和讨论策略

1. 小组探究活动：设计问题解决或实践性的任务，要求学生在小组中合作探索并给出解决方案，促进学生主动参与和合作学习。

2. 角色扮演活动：安排学生在小组中扮演不同角色，通过角色扮演的方式进行数学问题的讨论和解决，激发学生的学习兴趣和参与度。

3. 合作研究项目：将学生分成小组，每个小组选择一个数学相关的主题进行深入研究，并进行展示和讨论，提升学生的研究和表达能力。

4. 合作游戏活动：设计数学相关的游戏活动，让学生以小组形式进行游戏，通过游戏的方式学习数学知识和技能，增加学习的趣味性和互动性。

（三）小组活动和讨论对学生学习的影响

1. 学习效果和成绩：小组活动和讨论可以提高学生的学习效果和学业成绩。通过与同伴合作探究和解决问题，学生能够加深对数学知识的理解和应用。

2. 问题解决能力：小组活动和讨论培养学生的问题解决能力。学生在小组中互相交流和分享观点，共同思考和解决问题，提高问题解决的能力和自信心。

3. 合作与沟通能力：小组活动和讨论促进学生的团队合作和沟通能力的发展。学生在小组中需要协作、分享和倾听他人意见，培养合作精神和良好的沟通技巧。

4. 自主学习能力的发展：小组活动和讨论培养学生的自主学习能力。学生在小组中需要自主地探索和研究问题，培养独立思考和学习的习惯。

（四）教师的角色和指导

1. 规划和设计：教师应根据教学目标和学生需求，规划和设计适合的小组活动和讨论，确保活动有明确的学习目标和任务。

2. 指导和支持：教师应提供适当的指导和支持，引导学生有效地参与和合作，解决问题，促进学生的学习进步和发展。

3. 观察和评价：教师应观察学生在小组活动和讨论中的表现，及时给予反馈和评价，鼓励学生改进和发展。

（五）评价小组活动和讨论的方法

1. 学习成果评价：通过观察学生在小组活动和讨论中的表现，评价他们的学习成果和参与度。

2. 小组评价：让学生进行小组评价，互相评价和反馈小组内成员的表现和贡献，促进学生之间的互助和改进。

3. 学习档案：建立学生的学习档案，记录学生在小组活动和讨论中的表现和成长，为学生提供个性化的指导和支持。

（六）小组活动和讨论的注意事项

1. 组建合理的小组：教师应根据学生的特点和需求，合理组建小组，确保小组成员之间的合作和互补。

2. 清晰的任务和角色分工：教师应明确小组活动和讨论的任务和角色分工，让每个学生在小组中有明确的任务和责任。

3. 激发学生的积极性：教师应通过激发学生的兴趣和提供适当的挑战，激发学生的积极性和参与度。

二、探索跨学科学习和项目设计的方法

跨学科学习是指在教学中将不同学科的知识、技能和概念相互融合，通过整合学科内容和教学资源，培养学生的综合素养和跨学科思维能力。项目设计则是以问题为导向，让学生通过实际项目的开展来进行学习。

跨学科学习和项目设计是促进小学数学教学中学生综合素养发展的重要方法。通过合理整合学科内容、创设真实情境、培养综合能力和采用多样化的评价方法，可以提升学生的学习效果和能力。教师结合学科特点和学生需求，灵活运用跨学科学习和项目设计的方法，帮助学生全面发展。

（一）合理整合学科内容

1. 确定共同主题：选择一个主题或问题，可以涉及到数学、科学、社会科学等多个学科的内容。

2. 整合学科知识：确定每个学科的核心概念和技能，并整合到项目设计中，使学生能够在解决问题的过程中运用多学科的知识。

3.横向和纵向联系：将不同学科的知识和技能进行横向和纵向的联系，促进学生对学科之间的关系和交叉点的理解。

（二）创设真实情境

1. 调研和实地考察：设计调研和实地考察活动，让学生亲身体验和观察真实情境，将学科知识与实际应用相结合。

2. 客观案例分析：引入真实的案例、问题或挑战，让学生通过分析和解决实际问题，将学科知识应用于实际情境中。

3. 社区资源利用：充分利用社区资源，邀请专业人士或领域内的专家参与项目设计和实施，提供真实且有意义的学习机会。

（三）培养综合能力

1. 综合思维能力：通过跨学科学习和项目设计，培养学生的综合思维能力，包括批判性思维、创造性思维、系统思维等。

2. 合作与沟通能力：跨学科学习和项目设计强调合作与沟通，培养学生的团队合作和沟通能力，促进学生之间的交流和合作。

3. 解决问题能力：跨学科学习和项目设计鼓励学生通过解决实际问题来应用学科知识，培养学生的问题解决能力和创新思维。

（四）评价方法

1. 综合性评价：采用综合性评价的方法，对学生的跨学科学习和项目设计进行综合评价，包括知识掌握、技能运用、问题解决能力等方面。

2. 学生自我评价：鼓励学生进行自我评价，让他们反思自己在跨学科学习和项目设计中的表现和成长，并制定下一步的学习目标。

3. 评估工具多样化：采用不同形式的评估工具，如口头报告、书面作品、展示演示等，全面了解学生的学习情况和表现。

（五）教师的角色和指导

1. 教师的角色转变：教师应从传统的知识传授者转变为学生学习的引导者和支持者，激发学生的学习兴趣和主动性。

2. 提供指导和支持：教师应提供适当的指导和支持，帮助学生整合学科内容、设定学习目标、解决问题，并及时给予反馈和评价。

3. 创造学习机会：教师应创造丰富多样的学习机会，引导学生参与真实的项目设计和跨学科学习活动。

（六）案例举例

以"环保行动"为主题，设计一个跨学科项目：

（1）学生可以通过调研了解环境污染问题，并运用数学知识进行数据分析和统计。

（2）学生可以参观附近的污水处理厂，了解环保技术并进行实地考察。

（3）学生可以与社区合作，设计环保宣传海报或制作环保手册，提高公众的环保意识。

（4）学生可以在小组中合作，开展环境保护相关的实践活动，如垃圾分类、节能减排等。

三、分析多种学习活动对学生学习效果的影响

多种学习活动对小学数学教学有着重要的影响。游戏化学习、探究性学习、案例分析和实践活动等学习活动可以提高学生的学习动机和参与度，培养学生的问题解决能力和综合素养。教师结合学科特点和学生需求，灵活运用多种学习活动的策略，促进学生的全面发展。小学数学教学中，多种学习活动可以提供不同的学习体验和机会，激发学生的学习兴趣、增强学习动力，并促进学生对数学知识和技能的掌握。

（一）游戏化学习

1. 提高学习动机和参与度：游戏化学习通过游戏的形式激发学生的学习兴趣和积极性，让学生在轻松愉快的氛围中参与学习活动。

2. 培养问题解决能力：游戏化学习注重学生主动解决问题的过程，培养学生的问题解决能力和创新思维。

3. 增强记忆和理解：游戏化学习通过情境设置和角色扮演等方式，帮助学生更好地记忆和理解数学知识和概念。

（二）探究性学习

1. 主动参与和发现：探究性学习鼓励学生主动参与、提出问题，并通过实

践、观察和实验等方式，自主发现数学规律和关系。

2. 培养批判性思维：探究性学习促使学生思考和评价不同的观点和解决方案，培养学生的批判性思维和分析能力。

3. 提高理解和应用能力：探究性学习通过实际操作和探索，帮助学生深入理解数学概念和原理，并将其应用于实际问题中。

（三）案例分析

1. 案例分析情境设置：通过引入真实案例或情境，让学生分析和解决与数学相关的实际问题，加深对数学知识的理解和应用。

2. 培养综合素养：案例分析要求学生综合运用不同的数学概念和技能，培养学生的综合素养和综合解决问题的能力。

3. 提升实践应用能力：通过案例分析，学生能够将数学知识应用到实际情境中，培养实践应用能力和创新思维。

（四）实践活动

1. 实际操作与观察：实践活动让学生亲身参与数学实践，进行实际操作和观察，加深对数学概念和原理的理解。

2. 增强问题解决能力：实践活动鼓励学生在实践中解决问题，培养学生的问题解决能力和创新思维。

3. 提高团队合作能力：实践活动通常需要学生以小组形式合作完成，促进学生的团队合作和沟通能力的发展。

（五）教师的角色和指导

1. 设计和引导：教师应设计和引导多种学习活动，根据学科特点和学生需求选择适当的学习活动，并提供相应的指导和支持。

2. 观察和评价：教师应观察学生在学习活动中的表现和成长，及时给予反馈和评价，帮助学生改进和进步。

3. 创造学习环境：教师应创造积极、开放的学习环境，鼓励学生参与和探索，激发学生的学习兴趣和主动性。

（六）评价学习活动的方法

1. 学习成果评价：通过观察学生在学习活动中的表现和成果，评价学生对数学知识和技能的掌握程度。

2. 学习过程评价：注重学生的学习过程，包括参与度、问题解决思路、合作交流等方面的评价。

3. 学生自我评价：鼓励学生进行自我评价，反思自己在学习活动中的表现和成长，并制定下一步的学习目标。

第十一章　小学数学教学评价基本理念

第一节　多元化的评价目标和参与者

一、强调教师、学生和家长等多方面评价的重要性

在小学数学教学中，评价是一个不可或缺的环节。除了教师的评价外，还需要关注学生和家长等多方面的评价。多方面评价可以全面了解学生的学习情况和进步，并为教师提供有效的反馈和指导。

在小学数学教学中，强调教师、学生和家长等多方面的评价是非常重要的。教师的评价可以指导学生学习，改进教学策略；学生的评价可以帮助他们自我认知和反思，提高参与度和责任感；家长的评价可以了解学生学习状况，提供支持和建议。教师应选择合适的评价方法和工具，建立良好的沟通渠道，综合考虑评价结果，并根据评价动态调整教学。教师经过不断探索和创新评价的方式和方法，促进学生全面发展。

（一）教师评价的重要性

1. 指导学生学习：教师通过评价可以了解学生的学习状况，根据评价结果进行针对性的指导和支持，促进学生的学习进步。

2. 改进教学策略：教师的评价可以帮助教师了解自己的教学效果，及时调整教学策略，提高教学质量和效果。

3. 个性化教学：教师评价可以帮助教师了解学生的学习特点和需求，进行个性化的教学设计和辅导，满足学生的学习需求。

（二）学生评价的重要性

1. 自我认知和反思：学生通过评价可以了解自己的学习情况，帮助他们进行自我认知和反思，发现自己的优势和不足，并制定下一步的学习目标。

2. 参与和责任感：学生参与评价的过程中会更加投入学习，增强学习的主动性和责任感，促进学生的学习动力和积极性。

3. 合作和交流：学生评价可以促进学生之间的合作和交流，分享学习经验和互相帮助，提高学生的团队合作和沟通能力。

（三）家长评价的重要性

1. 了解学生学习状况：家长评价可以让家长了解孩子在数学学习方面的表现和进步，及时了解孩子的学习情况，与教师共同关注孩子的学习进展。

2. 支持和配合教育：家长评价可以促使家长更加关注孩子的学习，提供必要的支持和鼓励，与教师共同配合孩子的教育工作。

3. 提供反馈和建议：家长评价可以让家长提供反馈和建议，帮助教师改进教学方法和策略，促进学校和家庭的良好合作。

（四）评价方法和工具

1. 教师评价方法

（1）笔面测试：通过笔面测试评估学生对数学知识和技能的掌握程度。

（2）作业评价：评价学生在作业中的表现和答题思路，发现学生的问题和困惑，并进行针对性的指导。

（3）课堂观察：观察学生在课堂上的参与度、合作能力、问题解决能力等方面的表现。

2. 学生评价方法

（1）自我评价：学生自己评价自己的学习情况，反思自己的学习过程和成果。

（2）同伴评价：学生相互评价和反馈，在小组或团队中分享学习经验和互相帮助。

3. 家长评价方法

（1）家长会议：教师与家长进行面对面交流，了解家长对孩子数学学习的看法和建议。

（2）家长问卷调查：通过问卷调查了解家长对学校和教师的满意度和意见，为学校改进提供参考。

（五）教师的角色和指导

1. 提供明确的评价标准：教师应提供明确的评价标准，让学生和家长了解评价的依据和目标，有助于评价的公正和客观。

2. 及时反馈和指导：教师应及时给予学生和家长评价的反馈和指导，帮助他们理解评价结果，并提供针对性的建议和支持。

3. 建立沟通渠道：教师应与学生和家长建立良好的沟通渠道，鼓励他们在评价过程中提出问题和意见，共同关注学生的学习情况和进步。

（六）评价的综合性和动态性

1. 综合性评价：综合考虑教师、学生和家长等多方面的评价结果，全面了解学生的学习情况和进步，制定个性化的学习计划和辅导措施。

2. 动态性评价：评价是一个动态过程，需要持续地进行跟踪和调整。教师应不断收集学生的学习数据和反馈信息，并根据评价结果调整教学方法和策略。

二、提出多维度的评价目标和个性化评价方法

小学数学教学中的评价是促进学生全面发展的重要环节。除了传统的知识和技能评价外，还应注重学生的思维能力、创新能力、合作能力等多维度的评价目标。为了满足学生个性化学习的需求，个性化评价方法也应得到关注。

在小学数学教学中，多维度的评价目标和个性化评价方法具有重要意义。多维度的评价目标可以促进学生全面发展，个性化评价方法可以满足学生的个性化学习需求。教师应设计合适的评价方案，提供个性化的指导与反馈，并创造积极的学习环境。教师不断调整和改进评价方法，推动评价的动态发展，促进学生的全面成长。

（一）多维度的评价目标

1. 知识和技能：评价学生对数学基础知识和技能的掌握程度，包括计算能力、几何图形理解、代数运算等方面。

2. 思维能力：评价学生的思维能力，包括逻辑推理、问题解决、创造性思维等方面。

3. 创新能力：评价学生的创新能力，包括灵活运用数学知识解决问题、提

出新颖的解决方法和观点等方面。

4. 合作与沟通能力：评价学生的团队合作和沟通能力，包括在小组中合作解决问题、分享观点和表达思考等方面。

（二）个性化评价方法

1. 学习档案：建立学生的学习档案，记录学生的学习过程和成果，包括课堂表现、作业完成情况、项目设计和展示等。

2. 学习日志：要求学生定期撰写学习日志，记录自己的学习感受、困惑和改进措施，帮助他们进行自我评价和反思。

3. 学习计划：与学生一起制定学习计划，根据学生的学习目标和兴趣，制定个性化的学习路径和评价标准。

4. 教师-学生会谈：教师与学生进行个别或小组会谈，了解学生的学习需求和问题，并提供相应的指导和支持。

（三）评价方法的多样性

1. 笔面测试：采用传统的笔面测试，检测学生对数学知识和技能的掌握程度。可以结合开放性题目，考察学生的思维能力和解决问题的能力。

2. 作品展示：鼓励学生制作数学作品，如手工模型、数学游戏、数学展板等，展示他们对数学知识的理解和创造性运用。

3. 项目设计：引导学生参与数学相关的项目设计，让他们在实际应用中发挥创新能力和合作沟通能力，并评价项目的完成情况和成果。

4. 口头报告：要求学生进行口头报告，分享自己的学习经验和思考，培养学生的表达和沟通能力。

（四）个性化评价的指导与反馈

1. 指导学习计划：教师应与学生共同制定学习计划，明确学习目标和评价标准，帮助学生规划个性化的学习路径。

2. 鼓励自我评价：教师应鼓励学生进行自我评价，引导他们反思学习过程和成果，发现自己的优势和不足，并制定下一步的学习目标。

3. 提供针对性的反馈：教师应及时给予学生评价的反馈，指出他们的优点和需要改进的地方，并提供具体的建议和支持。

4. 学生参与评价：鼓励学生参与评价的过程，与教师共同制定评价标准和方法，促进学生的主动参与和责任感。

（五）教师的角色和指导

1. 设计评价方案：教师应根据多维度评价目标，设计相应的评价方案，明确评价的内容、方法和标准，并与学生和家长进行沟通。

2. 提供个性化指导：教师应根据学生的个体差异，提供个性化的指导和支持，帮助学生充分发挥潜力，实现个人学习目标。

3. 创造积极学习环境：教师应创造积极、开放的学习环境，鼓励学生尝试新的学习方式和方法，激发他们的学习兴趣和创造力。

（六）评价的动态调整与改进

1. 定期回顾和反思：教师应定期回顾和反思评价的效果，了解评价方法和工具的优缺点，并及时进行调整和改进。

2. 不断探索和创新：教师应不断探索和尝试新的评价方法和工具，关注学生的个性化需求，推动评价方法的不断创新和发展。

三、探讨多元化评价对学生全面发展的意义

小学数学教学中，多元化评价是促进学生全面发展的重要手段。传统的单一评价方法无法充分了解学生的综合能力和个性特点，而多元化评价可以从不同角度全面评估学生的认知、情感和行为等方面。多元化评价可以激发学习动机、培养综合能力和个性发展，从而满足学生的个性化需求和促进他们的全面成长。教师应设计多元化的评价方案，并提供个性化的指导与支持。教师可以不断探索和创新评价的方式和方法，促进学生全面发展，也需要注重评价的动态调整与改进，以确保评价的有效性和可持续性。

（一）激发学习动机

1. 关注个体差异：多元化评价能够更加关注学生的个体差异，考虑到每个学生的学习兴趣、学习风格和学习需求，从而激发学生的学习动机。

2. 提供积极反馈：多元化评价通过给予学生积极的反馈，鼓励和肯定他们的努力和进步，增强学生的自信心和学习动力。

（二）培养综合能力

1. 全面评估学生：多元化评价能够从不同维度评估学生的认知、情感和行为等方面，全面了解学生的综合能力和潜力。

2. 培养综合素养：多元化评价强调培养学生的综合素养，包括思维能力、创新能力、合作能力、沟通能力等，促进学生的全面发展。

（三）个性发展

1. 关注个体差异：多元化评价重视学生的个体差异，允许学生以自己独特的方式表达学习成果，鼓励学生发展个性化的学习风格和兴趣。

2. 提供个性化支持：多元化评价为教师提供了更多了解学生需求的机会，可以提供个性化的支持和指导，满足学生的学习需求和发展目标。

（四）多元化评价的方法

1. 笔面测试：传统的笔面测试仍然是一种有效的评价方法，但需要结合开放性题目和实际问题，考察学生的思维能力和解决问题的能力。

2. 作品展示：学生可以通过制作数学作品、设计数学游戏等形式来展示对数学知识的理解和应用能力。

3. 项目设计：引导学生参与数学相关的项目设计，通过实际应用和团队合作来评估学生的创新能力和合作能力。

4. 口头报告：要求学生进行口头报告，分享自己的学习经验和思考，培养学生的表达和沟通能力。

（五）教师的角色和指导

1. 设计多元化评价方案：教师应根据学科特点和学生需求，设计多元化的评价方案，明确评价的目标和标准。

2. 提供针对性指导：教师应根据学生的评价结果，提供个性化的指导和支持，帮助学生发现自身优势和改进不足之处。

3. 创造积极学习环境：教师应创造积极、开放的学习环境，鼓励学生尝试新的学习方式和方法，激发他们的学习兴趣和创造力。

（六）评价的动态调整与改进

1. 定期反思和回顾：教师应定期反思和回顾评价的效果，了解评价方法和工具的优缺点，并及时进行调整和改进。

2. 学生参与评价：鼓励学生参与评价的过程，与教师共同制定评价标准和方法，促进学生的主动参与和责任感。

第二节　多维度的评价内容和方法

一、结合定量和定性评价方式进行综合评价

小学数学教学中，综合评价是了解学生学习情况和提供有效反馈的重要手段。定量评价和定性评价是两种不同的评价方式，各有其优势和局限性。结合定量和定性评价方式进行综合评价可以更全面地了解学生的学习成果和发展情况。评价过程中需要注意公正、公平和细致观察，鼓励学生参与和反思。教师应不断回顾和改进评价方法，不断学习和创新，以提高评价的有效性和可持续性，促进学生的全面发展。

（一）定量评价的意义

1. 精确度和客观性：定量评价通过数字化的方法，能够提供精确的数据，便于对学生的学习成果进行客观的比较和分析。

2. 统计分析和趋势判断：定量评价可以通过数据的统计分析，帮助教师了解整体学生群体的学习情况，判断学生的学习趋势和问题。

（二）定性评价的意义

1. 深入理解和发现：定性评价通过描述性语言和观察，能够深入理解学生的学习过程、思维方式和态度，发现他们的优点和问题。

2. 针对个体差异：定性评价可以更好地关注学生的个体差异，了解每个学生的学习需求和特点，并提供相应的个性化支持。

（三）综合评价的方法

1. 定量评价方法

（1）笔面测试：通过标准化的测试题目，评估学生对数学知识和技能的掌握情况。

（2）作业和考试成绩：以学生完成的作业和考试成绩为依据，进行定量分析和比较。

（3）学习档案和学习记录：记录学生的学习过程和成果，包括参与度、作品展示、项目设计等方面的数据。

2. 定性评价方法

（1）观察和记录：教师观察学生在课堂上的表现、思考方式和合作能力，记录相关的描述性语言。

（2）学生自我评价和反馈：鼓励学生进行自我评价和反馈，通过日志、口头报告等形式表达自己的学习感受和思考。

（3）同伴评价和小组讨论：学生之间互相评价和讨论，分享学习经验和观点，提供有价值的观察和反馈。

（四）综合评价的指导与反馈

1. 教师的角色：教师应充当评价的指导者和引导者，根据定量和定性评价结果，提供有针对性的反馈和建议。

2. 整合评价结果：教师需要将定量和定性评价的结果进行整合和综合分析，形成全面的评价报告。

3. 提供个性化支持：根据评价结果，教师可以为学生制定个性化的学习计划和辅导方案，满足每个学生的学习需求和发展目标。

（五）评价过程中的注意事项

1. 公正和公平：评价过程中要保证公正和公平，避免因偏见或主观性而影响评价结果。

2. 细致观察和记录：教师在评价过程中需要进行细致的观察和记录，确保收集到准确和全面的评价数据。

3. 学生参与和反思：鼓励学生积极参与评价过程，提供自己的观点和建议，并进行自我反思和总结。

（六）评价的动态调整与改进

1. 定期回顾和反思：教师应定期回顾和反思评价的效果，了解评价方法和工具的优缺点，并及时进行调整和改进。

2. 不断学习和创新：教师应不断学习和探索新的评价方法和工具，关注学科发展的趋势，推动评价的不断创新和改进。

二、注重评价结果和过程的综合考虑

小学数学教学中，评价是了解学生学习情况和提供有效反馈的关键环节。评价不仅应关注学生的学习结果，还应注重评价过程，以全面了解学生的学习能力、思维方式和学习态度。评价结果可以指导学习目标和提供反馈和奖励，而评价过程可以深入了解学生和提供个性化教学支持。教师应设计多样化的评价任务，结合定量和定性评价方法，整合评价结果和过程，为学生提供及时反馈和个性化支持。评价过程中需要注意公正、公平和细致观察，鼓励学生参与和反思。教师应定期回顾和改进评价方法，不断学习和创新，以促进学生全面发展。同时，也需要注重评价的动态调整与改进，以确保评价的有效性和可持续性。

（一）评价结果的重要性

1. 指导学习目标：评价结果可以帮助教师了解学生对数学知识和技能的掌握程度，从而调整教学目标和内容，使学生在正确的方向上取得进步。

2. 提供反馈和奖励：评价结果可以为学生提供反馈和奖励，肯定他们的努力和成绩，激发他们的学习动力和积极性。

（二）评价过程的重要性

1. 深入理解学生：评价过程可以通过观察、记录和交流等方式，深入了解学生的学习过程、思维方式和学习态度，发现他们的优点和问题。

2. 个性化教学支持：评价过程可以帮助教师了解学生的学习需求和个性特点，提供个性化的教学支持和指导，满足不同学生的学习需求。

（三）综合考虑评价结果和过程

1. 设计多样化的评价任务：教师应设计多样化的评价任务，包括笔面测试、作品展示、项目设计等，以全面了解学生的学习成果和过程。

2. 结合定量和定性评价：综合运用定量和定性评价方法，结合学生成绩、观察记录和学生自我评价等，全面了解学生的学习情况和发展状况。

3. 整合评价结果和过程：教师需要将评价结果和评价过程进行整合，形成综合的评价报告，准确反映学生的学习成果和发展情况。

（四）评价结果和过程的指导与反馈

1. 提供及时反馈：教师应根据评价结果和评价过程，及时向学生提供反馈和建议，帮助他们发现自身的优点和改进的方向。

2. 个性化支持：教师应根据评价结果和过程，为学生制定个性化的学习计划和辅导方案，满足每个学生的学习需求和发展目标。

（五）评价过程中的注意事项

1. 公正和公平：评价过程中要保证公正和公平，避免因偏见或主观性而影响评价结果。

2. 细致观察和记录：教师在评价过程中需要进行细致的观察和记录，确保收集到准确和全面的评价数据。

3. 学生参与和反思：鼓励学生积极参与评价过程，提供自己的观点和建议，并进行自我反思和总结。

（六）评价的动态调整与改进

1. 定期回顾和反思：教师应定期回顾和反思评价的效果，了解评价方法和工具的优缺点，并及时进行调整和改进。

2. 不断学习和创新：教师应不断学习和探索新的评价方法和工具，关注学科发展的趋势，推动评价的不断创新和改进。

三、分析不同评价方法的优缺点和适用情境

小学数学教学中，评价是了解学生学习情况和提供有效反馈的重要手段。不同的评价方法具有各自的优点和局限性，并适用于不同的评价情境。

小学数学教学中，不同的评价方法具有各自的优缺点和适用情境。在评价过程中，注重评价结果和过程的综合考虑是十分重要的。教师应根据评价目的和学科特点，选择和综合运用不同的评价方法，以全面了解学生的学习情况和发展状况。教师不断探索和创新评价方法，以提高评价的有效性和可持续性，促进学生的全面发展。

（一）笔面测试

1. 优点

（1）客观性：笔面测试以标准化的题目和答案为依据，结果相对客观，能够快速评估学生的知识和技能水平。

（2）统一性：笔面测试可以在大规模范围内进行，便于对学生进行统一评价和比较。

2. 缺点

（1）学科局限性：笔面测试主要评价学生的计算和记忆能力，难以全面了解学生的思维方式和创新能力。

（2）时间限制：笔面测试受时间限制，无法充分考察学生的深入理解和解决问题的能力。

3. 适用情境

（1）需要对学生的知识和技能进行快速评估和比较时。

（2）适用于重点知识和基础技能的测验。

（二）作业和考试成绩

1. 优点

（1）简单直观：作业和考试成绩是常见的评价方法，可以直观地了解学生的学习成绩和表现。

（2）可量化：作业和考试成绩可以进行定量分析，便于对学生进行排名和比较。

2. 缺点

（1）局限性：作业和考试成绩只能反映学生在特定时间段内的学习情况，无法全面了解学生的学习过程和发展状况。

（2）重视记忆和应试能力：作业和考试成绩主要关注学生的记忆和应试能力，难以评价学生的思维方式和创新能力。

3. 适用情境

（1）需要了解学生的学习成绩和相对表现时。

（2）适用于对学科知识和技能的综合评价。

（三）观察和记录

1. 优点

（1）全面了解学生：观察和记录可以深入了解学生的学习过程、思维方式和学习态度，发现他们的优点和问题。

（2）个性化评价：观察和记录可以关注学生的个体差异，提供个性化的评价和支持。

2. 缺点

（1）主观性：观察和记录受到教师主观意识和偏见的影响，难以保证客观性。

（2）时间消耗：观察和记录需要教师投入大量的时间和精力，可能会对其他教学任务造成影响。

3. 适用情境

（1）需要深入了解学生的学习过程和思维方式时。

（2）适用于关注学生个体差异和提供个性化评价和支持的情境。

（四）学生自我评价和反馈

1. 优点：

（1）自我认知：学生通过自我评价和反馈可以更好地了解自己的学习情况和进步，促进自我认知和学习动机。

（2）学生参与：学生参与评价过程，增强学习的主动性和责任感。

2. 缺点

（1）主观性：学生自我评价容易受主观意识和偏见的影响，难以保证客观性。

（2）反馈不准确：部分学生可能缺乏足够的自我认知能力，提供的反馈不准确或片面。

3. 适用情境

（1）鼓励学生积极参与评价过程，提高自我认知和学习动机时。

（2）适用于培养学生自主学习和自我发展能力的情境。

（五）小组讨论和同伴评价

1. 优点

（1）合作与交流：小组讨论和同伴评价可以促进学生之间的合作与交流，分享学习经验和互相帮助。

（2）多角度反馈：同伴评价可以提供多个角度的反馈，帮助学生全面了解自己的学习情况和改进方向。

2. 缺点

（1）主观性：同伴评价可能受到个体偏见和关系影响，难以保证客观性。

（2）不准确性：部分学生可能缺乏足够的能力和经验进行有效的同伴评价，导致评价结果不准确或片面。

3. 适用情境

（1）强调合作与交流，培养学生团队合作和沟通能力的情境。

（2）需要多角度反馈和激发学生自我反思时。

（六）综合考虑评价方法

不同的评价方法各有其优点和局限性，在实际教学中需要根据具体情境进行选择和综合运用。综合考虑评价结果和过程，可以更全面地了解学生的学习情况和发展状况。教师应根据评价目的和学科特点，设计多样化的评价任务，并提供个性化的指导与支持。

第十二章　数学学习过程的评价

第一节　关注学生学习的过程和策略

一、观察学生的学习表现和态度

小学数学教学中，观察学生的学习表现和态度是了解他们的学习情况和发展状况的重要手段。学生的学习表现和态度可以反映他们对数学学习的投入程度、兴趣和自信心等方面。

（一）观察学习表现

1. 学习参与度：观察学生在课堂上的积极程度和参与度，包括主动回答问题、提出疑问和参与小组讨论等。

2. 学习动力：观察学生对数学学习的兴趣和动力，包括是否愿意主动学习、积极解决问题和寻找学习资源等。

3. 学习进步：观察学生的学习进步和成绩提高情况，包括通过作业、测试和考试等方式进行评估。

（二）观察学习态度

1. 学习自信心：观察学生对数学学习的自信心和积极态度，包括对自己能力的评价、挑战困难问题的勇气和坚持不懈的努力等。

2. 学习策略：观察学生是否具备良好的学习策略，包括合理安排学习时间、掌握解题方法和运用学习工具等。

3. 学习责任感：观察学生对自己学习的责任感和自主性，包括按时完成作业、积极参与课堂活动和课后复习等。

（三）观察的方法和技巧

1. 细致观察：教师应细致观察学生在课堂上的学习表现和态度，包括注意他们的言行举止、表情和参与程度等。

169

2. 记录观察结果：教师可以及时记录观察结果，包括学生的积极表现、困惑和需要改进的地方等，以便后续评价和反馈。

3. 非正式交流：教师可以与学生进行非正式的交流，了解他们的学习感受、困惑和学习策略，建立良好的师生关系。

（四）观察结果的评价和反馈

1. 提供及时反馈：教师应根据观察结果，及时向学生提供积极的反馈和鼓励，肯定他们的学习表现和态度。

2. 激发学习动机：通过正面的评价和鼓励，激发学生的学习动机，增强他们的自信心和积极性。

3. 提供个性化支持：根据观察结果，教师可以为学生制定个性化的学习计划和辅导方案，满足每个学生的学习需求和发展目标。

（五）观察学习表现和态度的意义

1. 全面了解学生：通过观察学生的学习表现和态度，可以全面了解他们的学习情况和发展状况，有助于制定针对性的教学策略和个性化的支持。

2. 促进学生发展：通过观察学生的学习表现和态度，可以及时发现他们的困惑和问题，并提供相应的指导和支持，促进他们的学习进步和发展。

（六）注意事项和挑战

1. 主观性：观察评价受到教师主观意识和偏见的影响，可能存在主观性和不准确性的问题。

2. 综合考虑：观察评价结果需要与其他评价方法进行综合考虑，以获得更全面和准确的评价。

二、引导学生进行自我评价和反思

在小学数学教学中，引导学生进行自我评价和反思是促进他们学习成长和发展的重要环节。自我评价和反思能够帮助学生了解自己的学习情况、发现问题和制定改进方案。引导学生进行自我评价和反思是小学数学教学评价中重要的一环。通过设定明确的学习目标、提供指导性问题和鼓励学生写学习日志，教师可以帮助学生了解自己的学习情况、发现问题和制定改进方案。教师进一步探索和创新引导学生进行自我评价和反思的方法和技巧，以促进学生全面发展。

（一）自我评价的意义

1. 自我认知：自我评价可以帮助学生更好地了解自己的学习情况、强项和改进的方向，提高学习自觉性和主动性。

2. 学习动机：通过自我评价，学生能够认识到自己的学习进步和成就，从而增强学习动机和积极性。

（二）引导学生进行自我评价和反思的方法

1. 目标设定：引导学生设定明确的学习目标，使他们能够有针对性地评价自己的学习过程和成果。

2. 反思问题：提供一系列引导性问题，让学生深入思考自己的学习过程、困难和解决方法，帮助他们进行全面的自我评价。

3. 学习日志：鼓励学生写学习日志，记录自己的学习过程、心得体会和反思，以促进深入思考和自我评价。

（三）引导学生进行学习反思的重要内容

1. 学习过程：学生需要反思自己在学习过程中的参与度、学习方法和策略的使用情况，找出有效的学习方式和改进的方向。

2. 学习成果：学生需要评价自己对数学知识和技能的掌握程度，发现自己的优点和不足，并制定下一步的学习计划。

（四）引导学生进行自我评价和反思的指导与反馈

1. 提供指导性问题：教师可以提供指导性的问题，帮助学生进行自我评价和反思，并引导他们找到改进的方向。

2. 提供具体建议：根据学生的自我评价和反思，教师可以给予具体的建议和支持，帮助他们制定可行的改进计划。

3. 肯定积极努力：教师应肯定学生的积极努力和学习成果，鼓励他们在自我评价和反思中发现自己的优点和进步。

（五）学生自我评价和反思的意义

1. 自主学习：通过自我评价和反思，学生能够培养自主学习的能力，逐渐独立思考和解决问题。

2. 持续发展：学生通过自我评价和反思，能够持续改进和发展，不断提高自己的学习能力和水平。

（六）注意事项和挑战

1. 主观性：学生的自我评价容易受到主观意识和情绪的影响，可能存在偏见或自我膨胀的问题。

2.综合考虑：学生的自我评价和反思需要与其他评价方法进行综合考虑，以获得更全面和客观的评价。

三、分析学习过程评价对学生学习的促进作用

在小学数学教学中，学习过程评价是了解学生学习情况和提供有效反馈的重要手段。通过评价学习过程，教师可以深入了解学生的学习方式、思维过程和问题解决能力。

学习过程评价在小学数学教学中具有重要的促进作用。通过观察记录和学生自我评价等方式，教师可以深入了解学生的学习方式、思维过程和问题解决能力，并为他们提供个性化的指导和支持。学习过程评价可以提高学生的学习动机、学习策略和问题解决能力，增强其学习自觉性和主动性。在实施学习过程评价时，需要注意评价的主观性和综合考虑的问题，以确保评价的客观性和准确性。

（一）学习过程评价的意义

1. 深入理解学生：学习过程评价可以帮助教师深入了解学生的学习方式、思维过程和问题解决能力，发现他们的优点和问题。

2. 提供个性化指导：学习过程评价可以为每个学生提供个性化的指导和支持，满足其学习需求和发展目标。

（二）学习过程评价的方法

1. 观察记录：教师通过观察学生在课堂上的表现，包括参与度、解题思路和合作能力等方面，进行学习过程评价。

2. 学生自我评价：鼓励学生进行自我评价，通过反思和总结，了解自己的

学习过程和问题，并制定改进计划。

（三）学习过程评价对学生学习的促进作用

1. 提高学习动机：学习过程评价可以帮助学生认识到自己的学习过程和努力所取得的成果，增强学习动机和积极性。

2. 发展学习策略：学习过程评价可以让学生意识到自己的学习方式是否高效，从而调整学习策略和方法，提高学习效果。

3. 培养问题解决能力：学习过程评价可以帮助学生发现自己在解决问题时的困难和错误，并引导他们寻找解决方案，培养问题解决能力。

4. 强化学习自觉性：学习过程评价可以促使学生主动反思学习过程，意识到自己的学习需求和目标，从而提高学习自觉性和主动性。

（四）学习过程评价的实施与指导

1. 提供及时反馈：教师应根据学习过程评价结果，及时向学生提供反馈和建议，肯定他们的学习努力和进步，并指出需要改进的方面。

2. 引导学生反思：教师应引导学生进行反思和总结，让他们了解自己的学习过程和问题，并制定下一步的学习计划。

3. 设计个性化支持：根据学习过程评价结果，教师可以为每个学生设计个性化的学习支持和辅导方案，满足其学习需求和发展目标。

（五）注意事项和挑战

1. 主观性：学习过程评价受到教师主观意识和偏见的影响，可能存在主观性和不准确性的问题。

2. 综合考虑：学习过程评价需要与其他评价方法进行综合考虑，以获得更全面和客观的评价。

（六）学习过程评价的实践与展望

在小学数学教学中，学习过程评价应得到重视和实践。教师可以通过观察记录和学生自我评价等方式，对学生的学习过程进行评价，以促进其学习动机、学习策略和问题解决能力的发展。将来可以进一步探索和创新学习过程评价的方法和技巧，提高评价的有效性和准确性，促进学生全面发展。

第二节 引导学生自我评价和反思

一、提供学生自我评价工具和指导

提供学生自我评价工具和指导是小学数学教学评价的重要组成部分。学生通过自我评价可以更好地了解自己的学习情况、强项和改进的方向，增强学习自觉性和主动性。教师可以进一步探索和创新学生自我评价的工具和指导方法，提高评价的有效性和可持续性，促进学生全面发展。

在小学数学教学中，提供学生自我评价工具和指导是帮助他们了解自己的学习情况、发现问题和制定改进方案的重要手段。学生自我评价能够促进其主动参与学习、增强自我认知和提高学习效果。

（一）学生自我评价的意义

1. 自我认知：学生通过自我评价可以更好地了解自己的学习情况、强项和改进的方向，提高学习自觉性和主动性。

2. 学习动机：自我评价可以激发学生的学习动机，使他们认识到自己的学习进步和成就，从而增强学习动力和积极性。

（二）提供学生自我评价工具

1.评价表格：评价表格是一种有效的工具，可以帮助学习者对自己的学习目标和内容进行评估和反思。以下是一个设计针对不同学习目标和内容的评价表格的示例：

学习目标	自我评分（1—10）	描述学习过程	反思总结
目标 1			
目标 2			
目标 3			

在该表格中，每个学习目标都有相应的列，包括自我评分、描述学习过程和反思总结。

学习者可以根据自己的理解和感知，给每个学习目标进行自我评分，以便了解自己在该目标上的掌握程度。评分范围可以从 1 到 10，其中 1 代表完全不理解或没有进展，10 代表完全掌握或取得显著进步。

学习者可以利用"描述学习过程"列详细记录自己在实现学习目标时所采取的步骤、使用的资源和面临的挑战。这可以帮助学习者回顾整个学习过程，并发现哪些方法或策略对于他们的学习效果更好。

学习者可以使用"反思总结"列来总结自己的学习经验和教训。他们可以思考他们在学习过程中取得的成就、遇到的困难以及如何改进和应用所学知识的方式。这种反思有助于学习者深入了解自己的学习过程，并为将来的学习提供指导。

设计针对不同学习目标和内容的评价表格可以帮助学习者全面评估自己的学习情况，并促使他们进行深入的反思和总结。这种工具可以提高学习者的自我意识和学习效果，从而实现更好的学习结果。

2. 学习日志：学习日志是一种强大的工具，可以帮助学生记录他们的学习过程、心得体会和反思。通过写作学习日志，学生能够促进深入思考和自我评价，从而提高学习效果。

学习日志的好处有很多。首先，它可以帮助学生梳理自己的学习经历。通过详细描述学习过程，学生可以回顾他们所学的知识、使用的方法和遇到的困难。这有助于加深对学习内容的理解，并发现自己的优势和不足之处。

学习日志可以培养学生的反思能力。通过记录心得体会，学生可以思考他们的学习方式是否有效，哪些策略对他们的学习效果更好。这种反思可以帮助学生认识到自己的学习偏好和需求，从而调整学习方法以获得更好的结果。

学习日志还可以提高学生的自我评价能力。通过总结和评估自己的学习表现，学生能够了解自己的优点和改进空间。这种自我评价有助于激励学生继续努力，同时也为教师提供了有价值的反馈信息。

（三）指导学生进行自我评价

1. 目标设定：引导学生设定明确的学习目标，使他们能够有针对性地评价自己的学习过程和成果。

2. 反思问题：提供一系列引导性问题，让学生深入思考自己的学习过程、困难和解决方法，帮助他们进行全面的自我评价。

（四）提供指导与反馈

1. 提供指导性问题：教师可以提供指导性的问题，帮助学生进行自我评价，并引导他们找到改进的方向。

2. 提供具体建议：根据学生的自我评价，教师可以给予具体的建议和支持，帮助他们制定可行的改进计划。

3. 肯定积极努力：教师应肯定学生的积极努力和学习成果，鼓励他们在自我评价中发现自己的优点和进步。

（五）注意事项和挑战

1. 主观性：学生的自我评价容易受到主观意识和情绪的影响，可能存在偏见或自我膨胀的问题。

2. 综合考虑：学生的自我评价需要与其他评价方法进行综合考虑，以获得更全面和客观的评价。

（六）学生自我评价工具和指导的实施与展望

在小学数学教学中，提供学生自我评价工具和指导应得到重视和实践。教师可以通过评价表格和学习日志等方式，引导学生进行自我评价，并提供指导和反馈。以后可以进一步探索和创新学生自我评价的工具和指导方法，提高评价的有效性和准确性，促进学生全面发展。

二、鼓励学生进行学习总结和规划

在小学数学教学中，鼓励学生进行学习总结和规划是促进他们学习成长和发展的重要环节。学习总结可以帮助学生巩固知识、反思学习过程和提高学习效果；学习规划能够帮助学生明确学习目标、制定学习计划和提高学习自觉性。本文将探讨如何鼓励学生进行学习总结和规划，并将其纳入小学数学教学的评价体系。

（一）学习总结的意义

1. 知识巩固：学习总结可以帮助学生回顾、整理和巩固所学的数学知识和技能。

2. 反思学习过程：学习总结可以促使学生深入思考和反思自己的学习过程，发现问题和改进方法。

3. 提高学习效果：通过学习总结，学生能够从经验中汲取教训，改进学习策略，提高学习效果。

（二）鼓励学生进行学习总结的方法

1. 课堂总结：教师在课堂结束时，引导学生对所学内容进行总结和回顾，并提醒他们关键的知识点和解题技巧。

2. 学习日志：鼓励学生写学习日志，记录自己的学习过程、心得体会和反思，促进深入思考和学习总结。

（三）学习规划的意义

1. 明确学习目标：学习规划可以帮助学生明确学习目标，激发学习动机和提高学习自觉性。

2. 制定学习计划：学习规划能够帮助学生制定有序的学习计划，合理安排学习时间和任务。

3. 提高学习效率：通过学习规划，学生能够有针对性地选择学习材料和方法，提高学习效率和成果。

（四）鼓励学生进行学习规划的方法

1. 目标设定：引导学生设定明确的学习目标，包括长期目标和短期目标，使他们能够有计划地追求学习目标。

2. 制定学习计划：引导学生制定具体的学习计划，包括学习内容、时间安排和学习方法等，帮助他们合理分配学习资源和时间。

（五）提供指导与反馈

1. 提供具体建议：根据学生的学习总结和规划，教师可以给予具体的建议和支持，帮助他们制定可行的改进计划。

2. 定期反馈：定期与学生进行交流和反馈，了解他们的学习总结和规划情况，并提供相应的指导和鼓励。

（六）注意事项和挑战

1. 学生能力：学生的学习总结和规划能力可能存在差异，需要根据个体差异提供个性化的指导和支持。

2. 时间安排：学生的学习总结和规划需要一定的时间和精力投入，需要合理安排学习时间和任务。

（七）学习总结和规划的实施与展望

在小学数学教学中，鼓励学生进行学习总结和规划应得到重视和实践。教师可以通过课堂总结和鼓励学习日志写作等方式，引导学生进行学习总结，并提供指导和反馈。同时，教师也应引导学生设定明确的学习目标和制定具体的学习计划，帮助他们提高学习效果和自我管理能力。可以进一步探索和创新学习总结和规划的方法和技巧，以提高评价的有效性和可持续性，促进学生全面发展。

三、探索如何激发学生的自我评价和反思能力

激发学生的自我评价和反思能力是小学数学教学中的重要任务。通过自我评价和反思，学生能够更好地了解自己的学习情况、发现问题和制定改进方案。

激发学生的自我评价和反思能力是小学数学教学评价中的重要环节。通过提供指导性问题和鼓励学习日志写作等方式，教师可以引导学生进行自我评价和反思，并提供指导和反馈。教师也应培养学生设定明确的学习目标和进行有效的自我评价和反思的能力。需要注意学生主观性和综合考虑的问题，以确保评价的客观性和准确性。教师可以进一步探索和创新激发学生自我评价和反思能力的方法和技巧，提高评价的有效性和可持续性，促进学生全面发展。

（一）自我评价和反思的意义

1. 自我认知：自我评价和反思可以帮助学生更全面地了解自己的学习情况、强项和改进的方向，提高学习自觉性和主动性。

2. 学习动机：通过自我评价和反思，学生能够认识到自己的学习进步和成就，激发学习动机和积极性。

（二）激发学生的自我评价和反思能力的方法

1. 提供指导性问题：教师可以提供指导性的问题，引导学生进行自我评价和反思，帮助他们深入思考学习过程和结果。

2. 鼓励学生写学习日志：鼓励学生写学习日志，记录自己的学习过程、心得体会和反思，促进深入思考和自我评价。

（三）培养学生的自我评价和反思能力

1. 目标设定：引导学生设定明确的学习目标，使他们能够有针对性地评价自己的学习过程和成果。

2. 提供示范和范例：教师可以提供学习总结和反思的示范和范例，帮助学生了解如何进行自我评价和反思。

（四）提供指导与反馈

1. 提供具体建议：根据学生的自我评价和反思，教师可以给予具体的建议和支持，帮助他们制定可行的改进计划。

2. 定期反馈：定期与学生进行交流和反馈，了解他们的学习总结和反思情况，并提供相应的指导和鼓励。

（五）注意事项和挑战

1. 主观性：学生的自我评价容易受到主观意识和情绪的影响，可能存在偏见或自我膨胀的问题。

2. 综合考虑：学生的自我评价和反思需要与其他评价方法进行综合考虑，以获得更全面和客观的评价。

（六）激发学生的自我评价和反思能力的实施与展望

在小学数学教学中，激发学生的自我评价和反思能力应得到重视和实践。教师可以通过提供指导性问题和鼓励学习日志写作等方式，引导学生进行自我评价和反思，并提供指导和反馈。教师也应培养学生设定明确的学习目标和进行有效的自我评价和反思的能力。需要注意学生主观性和综合考虑的问题，以确保评价的客观性和准确性。教师可以进一步探索和创新激发学生自我评价和反思能力的方法和技巧，提高评价的有效性和可持续性，促进学生全面发展。

第十三章　学生知识和技能的评价

第一节　评价学生基础知识和技能的理解和掌握

一、考察学生对概念和算法的理解

在小学数学教学中，考察学生对概念和算法的理解是评价他们数学学习成果的重要方面。通过考察学生对概念的理解，可以了解他们对基本概念的掌握程度；通过考察学生对算法的理解，可以了解他们在问题解决过程中的能力和思维方式。

（一）考察学生对概念的理解

1. 设计概念测试题：设计针对不同概念的测试题，包括选择题、填空题等，以考察学生对概念的掌握程度。

2. 解释概念定义：要求学生解释所学概念的定义，从而判断他们是否理解概念的内涵和特征。

（二）考察学生对算法的理解

1. 解答问题：提供一些实际问题或数学应用情境，要求学生运用所学算法进行解答，检查他们是否理解算法的应用场景和步骤。

2. 解释算法过程：要求学生解释所学算法的步骤和思路，检查他们是否理解算法的原理和逻辑。

（三）评价学生对概念和算法的理解

1. 准确性：评估学生对概念和算法理解的准确性，即能否正确描述概念的内涵和特征，以及能否正确运用算法解决问题。

2. 深度：评估学生对概念和算法理解的深度，即能否灵活运用概念和算法解决复杂问题，以及能否提出新的应用或推广思路。

（四）提供指导与反馈

1. 提供具体建议：根据学生对概念和算法的理解情况，教师可以给予具体的建议和支持，帮助他们弥补理解上的差距。

2. 定期反馈：定期与学生进行交流和反馈，了解他们对概念和算法的理解情况，并提供相应的指导和鼓励。

（五）注意事项和挑战

1. 主观性：评价学生对概念和算法的理解存在主观意识的影响，需要教师客观评估并综合多种评价方法。

2. 灵活性：学生对概念和算法的理解可能存在差异，需要根据个体差异提供个性化的指导和支持。

（六）考察学生对概念和算法的理解的实施与展望

在小学数学教学中，考察学生对概念和算法的理解应得到重视和实践。教师可以通过设计概念测试题、要求学生解释概念定义等方式，考察学生对概念的掌握程度。同时，通过提供实际问题或数学应用情境、要求学生解释算法过程等方式，考察学生对算法的理解。需要注意评价的准确性和深度，并提供具体建议和反馈。可以进一步探索和创新考察学生对概念和算法理解的方法和技巧，提高评价的有效性和可持续性，促进学生全面发展。

二、强调鼓励学生灵活运用知识和技能

在小学数学教学中，强调鼓励学生灵活运用知识和技能是培养他们数学思维和问题解决能力的关键。仅仅掌握知识和技能还不足以应对复杂的数学问题，而灵活运用知识和技能则可以帮助学生发展创造性思维和批判性思维。

（一）灵活运用知识和技能的意义

1. 培养创造性思维：通过灵活运用知识和技能，学生可以从不同角度和方法解决问题，培养创造性思维和创新能力。

2. 提高问题解决能力：灵活运用知识和技能可以帮助学生在面对复杂问题时，选择合适的方法和策略，提高问题解决能力。

（二）鼓励学生灵活运用知识和技能的方法

1. 开放性问题：设计开放性问题是鼓励学生运用所学知识和技能，探索多种解决方法和策略的重要手段。这样的问题不仅仅有一个正确答案，而是可以引导学生进行深入思考和创造性思维。

例如，一个开放性问题可以是："在资源有限的情况下，如何最大化食物供应？"

这个问题可以引导学生思考许多方面，包括农业生产技术、食物分配策略、可持续发展等。学生可以利用所学的科学知识和技巧，提出不同的解决方案，如采用高效农业技术、改善食物储存和运输系统、推广循环农业等。

学生通过解决这样的开放性问题，不仅可以巩固他们的学习成果，还可以培养创新思维和解决问题的能力。同时，这样的问题也可以激发学生对实际问题的兴趣，促使他们主动学习，并将所学知识应用到实际生活中。

设计开放性问题是教育中一项非常重要的任务，它可以激发学生的学习热情，培养他们的创造力和解决问题的能力，为他们未来的发展奠定坚实的基础。

3. 项目学习：项目学习是一种以实际情境和应用场景为基础的学习方式，可以帮助学生将数学知识和技能应用到解决实际问题中。通过项目学习，学生可以培养创新思维、解决问题的能力以及团队合作与沟通能力。

在项目学习中，教师可以设计具体的实际情境和应用场景，让学生在其中扮演真实世界中的角色，面对真实的挑战和需求。例如，一个项目可以是设计一个公园的游乐设施，要求学生考虑到安全性、可持续性和空间利用等因素，并运用数学知识进行测量、规划和建模。

学生通过这样的项目学习，需要灵活运用数学知识和技能，如几何、代数、统计等，来解决实际问题。他们需要收集数据、分析数据、制定方案，并不断反思和改进。同时，学生还需要与同伴合作，共同完成项目的各个阶段，培养团队合作和沟通交流的能力。

项目学习不仅使学生更加深入地理解数学概念和原理，还能够提高他们的问题解决能力和创新思维。此外，项目学习也能够增强学生对数学的兴趣和动力，使学习变得更加有意义和实用。

引导学生进行项目学习是一种有效的教学方法，可以帮助他们将数学知识应用到实际问题中，培养解决问题和创新的能力，并为未来的学习和职业发展打下坚实的基础。

（三）评价学生的灵活运用能力

1. 多样性：评估学生在解决问题时采用的方法和策略的多样性对于教育的发展至关重要。多样性意味着学生能够灵活运用不同的数学概念、技巧和思维方式，以寻找最佳的解决方案。

评估多样性可以通过多种方式实现。首先，教师可以观察学生在解决问题过程中所采用的方法和策略。不同的数学概念和技巧会反映在学生的思考和解题过程中。例如，有些学生可能更倾向于使用代数方法，而另一些学生则更喜欢几何方法。

教师可以提供开放性问题，鼓励学生自由选择解决方法和策略。这样的问题可以启发学生独立思考和创造性思维，从而展示他们多样的解决途径。教师可以评估学生的解决方案的创新性、逻辑性和有效性，以及他们所运用的数学概念和技巧的正确性和完整性。

教师还可以鼓励学生之间的合作与讨论，在小组或团队项目中共同解决问题。通过与他人的交流和合作，学生可以借鉴他人的思路和方法，并提出新的想法和解决方案。教师可以观察学生在合作中展示的多样性和创造性，以及他们如何将不同的数学概念和技巧融合在一起。

2. 创新性：评估学生的创新性思维和解决问题的独特性是培养学生创造力和创新能力的重要一环。创新性评估旨在衡量学生是否能够提出新颖的解决方法、推广思路或独特的观点。

教师可以通过观察学生在解决问题时所展现的思维过程和解题策略来评估其创新性。创新的思维常常表现为学生对问题的不同角度和独特见解的展示。例如，他们可能会提出与传统方法不同但有效的解决方案，或者通过将不同的数学概念和技巧结合起来，发展出全新的解决途径。

教师还可以设计开放性问题，鼓励学生进行独立思考和创造性思维。这样的问题可以启发学生超越常规思维模式，提出创新的解决方案。评估学生的创新性可以考察他们提出的新颖观点、独特的解决方法以及对现有知识的拓展和应用能力。

教师可以鼓励学生参与创新项目或竞赛，以评估他们在实际应用中的创新能力。这些项目或竞赛要求学生提出原创性的解决方案，发展新颖的思路，并将其应用到实际问题中。评估学生的创新性可以考察他们在项目中的独特贡献、创造性思维的展示以及对问题的深入理解和分析能力。

评估学生的创新性思维和解决问题的独特性有助于培养他们的创造力和创新能力。通过评估创新性，教师可以鼓励学生超越常规思维，培养他们的创新精神，并为他们提供更广阔的发展空间。同时，这也有助于发现和培养潜在的创新人才，并推动教育的持续发展和进步。

（四）提供指导与反馈

1. 提供启发性问题：教师可以提供启发性的问题，引导学生从不同角度思考和解决问题，扩展他们的思维方式。

2. 定期反馈：定期与学生进行交流和反馈，了解他们在灵活运用知识和技能方面的进步和困难，并提供相应的指导和鼓励。

（五）注意事项和挑战

1. 学生自信心：鼓励学生灵活运用知识和技能需要建立良好的学习氛围，帮助学生培养自信心和勇于尝试的精神。

2. 评价标准：灵活运用知识和技能可能存在多样性，需要根据个体差异和解决问题的复杂程度进行评价。

（六）灵活运用知识和技能的实施与展望

在小学数学教学中，强调鼓励学生灵活运用知识和技能应得到重视和实践。教师可以通过设计开放性问题和项目学习等方式，鼓励学生灵活运用知识和技能。需要评价学生在灵活运用知识和技能方面的多样性和创新性，并提供指导和反馈。可以进一步探索和创新鼓励学生灵活运用知识和技能的方法和技巧，提高评价的有效性和可持续性，促进学生全面发展。

三、分析基础知识和技能评价对学生发展的影响

在小学数学教学中，评价学生的基础知识和技能是了解他们学习状况和发

展水平的重要途径。基础知识和技能是学习数学的基础，对学生的进一步学习和发展具有重要影响。基础知识和技能评价在小学数学教学中具有重要意义。通过书面测试和口头问答等方式，可以评价学生对基本概念和运算技巧的掌握程度。基础知识和技能评价对学生的发展具有多方面的影响，包括巩固基础、培养自信心和发现问题等。需要提供具体建议和反馈，以帮助学生加强基础知识和技能的学习和运用。需要注意考察范围和评价准确性的问题。可以进一步探索和创新基础知识和技能评价的方法和技巧，提高评价的有效性和可持续性，促进学生全面发展。

（一）基础知识和技能评价的意义

1. 检验掌握程度：通过基础知识和技能评价，可以了解学生对数学基本概念、原理和运算技巧的掌握程度。

2. 发现问题和弱项：基础知识和技能评价可以帮助教师和学生发现学习过程中存在的问题和弱项，从而采取相应的改进措施。

3.提供反馈和指导：基础知识和技能评价可以提供及时的反馈和指导，帮助学生加强基础知识和技能的学习和运用。

（二）基础知识和技能评价的方法

1. 书面测试：书面测试是一种常见的评估学生基础知识和技能掌握程度的方式，可以通过选择题、填空题等形式来考察学生对基本概念和运算技巧的理解和应用。

选择题是其中一种常见的题型，学生需要从给定的选项中选择正确答案。这种题型可以考察学生对基本概念的掌握程度，同时也能够帮助学生提高分析和判断的能力。例如，在数学中，选择题可以涉及到各种运算符号、图形和模式的辨认，要求学生根据给定的信息做出正确的选择。

填空题则要求学生填写适当的答案来完成问题。这种题型可以考察学生对基本概念和运算技巧的应用能力，以及逻辑推理和问题解决的能力。填空题可以涉及到各种数学运算，如算术、代数和几何等，要求学生灵活运用所学知识和技能来解决问题。

设计书面测试时，教师可以根据学习目标和教学内容，合理安排题型和难度，以确保测试的有效性和准确性。同时，测试还应该涵盖广泛的基础知识和技能，以全面评估学生的学习情况。

书面测试只能考察学生在特定知识范围内的掌握程度，无法全面评估学生的综合能力和实际应用能力。因此，在教学评估中，还应该结合其他形式的评估方法，如项目学习、口头报告等，以全面了解学生的学习情况和能力发展。

2. 口头问答：口头问答是一种常见的评估学生基础知识和技能理解与运用的方式。通过提问和回答问题的方式，教师可以直接与学生互动，考察他们对所学内容的理解程度。

口头问答可以涵盖各种学科领域，如数学、科学、语言等。教师可以根据教学目标和课程内容设计问题，引导学生思考和回答。这种形式的评估可以促使学生积极参与，发展他们的思维能力和表达能力。

通过口头问答，教师可以评估学生对基础概念的掌握程度，以及其在不同情境中的应用能力。例如，在数学中，教师可以询问学生关于数值计算、图形分析或代数方程的问题，以测试他们对基本概念和运算技巧的理解与应用。

口头问答还可以鼓励学生进行思考和讨论，培养他们的批判性思维和问题解决能力。学生可以通过回答问题展示自己的观点和推理过程，同时也可以从他人的回答中获得新的思路和见解。

需要注意的是，口头问答应该给予学生足够的思考时间，并鼓励他们发表自己的意见和观点，而不仅仅是单纯回答问题。同时，教师还应提供及时的反馈和指导，以帮助学生改进和提高。

口头问答是一种有效的评估学生基础知识和技能理解与运用的方法。通过直接的互动交流，教师可以深入了解学生的学习情况，促进学生积极参与，发展他们的思维和表达能力。这种形式的评估能够全面了解学生的学习情况，并为个性化教育和差异化指导提供依据。

（三）基础知识和技能评价对学生发展的影响

1. 巩固基础：基础知识和技能评价可以帮助学生巩固数学基础，确保其在进一步学习中有坚实的基础。

2. 培养自信心：通过基础知识和技能评价的正面反馈，学生可以建立自信心，增强学习动力和积极性。

3. 发现问题：基础知识和技能评价可以帮助学生发现自己在学习中存在的问题和弱项，从而及时调整学习策略并加以改进。

（四）提供指导与反馈

1. 提供具体建议：根据基础知识和技能评价结果，教师可以给予具体的建议和支持，帮助学生弥补知识和技能上的不足。

2. 定期反馈：定期与学生进行交流和反馈，了解他们在基础知识和技能方面的进步和困难，并提供相应的指导和鼓励。

（五）注意事项和挑战

1. 考察范围：基础知识和技能评价需要考虑全面性，覆盖教学内容的多个方面。

2. 考察准确性：基础知识和技能评价需要确保评价的准确性和客观性，避免主观偏见的影响。

（六）基础知识和技能评价的实施与展望

在小学数学教学中，基础知识和技能评价应得到重视和实践。教师可以通过书面测试和口头问答等方式，评价学生对基本概念和运算技巧的掌握程度。同时，基础知识和技能评价也要关注其对学生发展的影响，包括巩固基础、培养自信心和发现问题等。需要提供具体建议和反馈，以帮助学生加强基础知识和技能的学习和运用。可以进一步探索和创新基础知识和技能评价的方法和技巧，提高评价的有效性和可持续性，促进学生全面发展。

第二节 鼓励学生灵活运用知识和技能

一、提供情境和应用题目进行评价

在小学数学教学中，提供情境和应用题目进行评价是帮助学生将所学知识和技能应用于实际情境的重要途径。通过情境和应用题目的评价，可以考察学生在解决问题、推理和判断等方面的能力，并促进他们将所学内容与实际生活相结合。

（一）情境和应用题目评价的意义

1. 应用能力：通过情境和应用题目的评价，可以考察学生将所学数学知识和技能应用于实际情境的能力。

2. 推理和判断：情境和应用题目评价可以促使学生运用数学思维进行推理、判断和解决问题的能力。

（二）设计情境和应用题目的方法

1. 实际情境：设计与学生实际生活相关的情境是一种有效的教学方法，可以帮助学生将数学知识和技能应用于实际问题解决过程中。通过将数学概念与实际情境相结合，学生能够更好地理解和应用所学的数学内容。

例如，在日常生活中，教师可以设计一个购物情境，要求学生计算商品价格、折扣比例和总价。学生需要运用数学运算和概念，如百分比、计算金额等，来解决实际购物场景中的问题。这样的情境设计可以让学生感受到数学在实际生活中的应用，并提高他们的数学技能。

另一个例子是设计一个旅行规划的情境。学生需要考虑交通方式、距离、时间和预算等因素，并运用数学知识进行计算和规划。他们可以使用比例、速度、时间等数学概念来解决实际旅行中的问题，如路程计算、费用估算等。这样的情境设计可以帮助学生将数学应用到实际情境中，并培养他们的问题解决和决策能力。

学生通过实际情境的设计，能够将数学知识与实际问题相连接，增强他们对数学的兴趣和动力。同时，这种教学方法还能够培养学生的创新思维、逻辑推理和团队合作能力，为他们未来的发展打下坚实基础。

设计与学生实际生活相关的情境是一种促进学生数学应用能力发展的重要方法。通过将数学知识融入到实际问题解决中，学生能够更好地理解和应用数学，提高他们的数学技能，并将所学知识与实际生活紧密联系起来。

2. 多样性：设计多种类型的情境和应用题目是为了促进学生在数学学习中的多样性和灵活性。通过涵盖不同的数学概念和解决方法，可以帮助学生培养综合运用知识和技能的能力。

教师可以设计各种实际情境，如购物、旅行、运动等，要求学生运用数学知识进行计算和分析。这些情境可以涉及到数值计算、比例、百分比、几何等多个数学领域，让学生将所学概念和技巧应用于实际问题解决中。

教师还可以设计不同类型的应用题目，如选择题、填空题、解答题等。这样的题目可以覆盖不同的解题方法和思维方式，鼓励学生灵活运用所学知识和技能解决问题。例如，在一个问题中，学生可以选择使用代数方法、图形方法或数值计算方法来解决，从而展示他们多样的解决途径。

教师还可以设计一些开放性问题，鼓励学生提出自己的解决方案和创新思路。这样的问题可以激发学生的独立思考和创造性思维，培养他们的问题解决和创新能力。教师可以评估学生的解决方案的创新性、逻辑性和有效性，以及他们所运用的数学概念和技巧的正确性和完整性。

设计多种类型的情境和应用题目是为了促进学生在数学学习中的多样性和灵活性。通过涵盖不同的数学概念和解决方法，可以帮助学生培养综合运用知识和技能的能力，并激发他们的创新思维和解决问题的能力。这样的设计也有助于个性化教育和差异化指导，满足学生不同的学习需求和发展潜力。

（三）评价学生在情境和应用题目中的表现

1. 解决问题能力：评估学生在情境和应用题目中解决问题的能力，包括问题分析、计算和推理等方面。

2. 应用知识和技能：评估学生将所学知识和技能应用于情境和应用题目解决过程中的能力。

（四）提供指导与反馈

1. 提供提示和引导：在情境和应用题目中提供适当的提示和引导，帮助学生理解问题背景和运用相应的数学知识和技能。

2. 定期反馈：定期与学生进行交流和反馈，了解他们在情境和应用题目中的表现，并提供相应的指导和鼓励。

（五）注意事项和挑战

1. 题目设计：情境和应用题目的设计需要考虑学生的年龄特点和认知水平，确保题目的可理解性和可操作性。

2. 环境因素：情境和应用题目评价受到环境因素的影响，需要在教学过程中创造良好的学习氛围和实际应用情境。

（六）情境和应用题目评价的实施与展望

在小学数学教学中，提供情境和应用题目进行评价应得到重视和实践。教师可以通过设计与学生实际生活相关的情境和应用题目，促使学生将所学知识和技能应用于实际情境解决问题。需要评价学生在情境和应用题目中的解决问题能力和应用知识和技能的能力，并提供指导和反馈。需要注意题目设计和环境因素的问题。可以进一步探索和创新情境和应用题目评价的方法和技巧，提高评价的有效性和可持续性，促进学生全面发展。

二、引导学生将数学知识应用于实际问题

在小学数学教学中，引导学生将数学知识应用于实际问题是培养他们数学思维和解决实际问题能力的关键。数学不仅仅是一门抽象的学科，它也具有广泛的实际应用。通过将数学知识应用于实际问题的训练，可以帮助学生理解数学的实际意义，提高他们的解决问题和创新思维能力。

（一）数学知识应用于实际问题的意义

1. 实际意义：通过将数学知识应用于实际问题，学生能够理解数学在日常生活和社会中的实际意义和应用场景。

2. 解决问题能力：数学知识应用于实际问题的训练可以帮助学生培养解决问题的能力，提高他们的逻辑思维和推理能力。

（二）引导学生将数学知识应用于实际问题的方法

1. 实际情境：通过设计与学生实际生活相关的情境，可以帮助学生将数学知识应用于实际问题解决过程中。这种教学方法可以增加学习的实际性和趣味性，激发学生的学习兴趣，并提高他们的数学应用能力。

在设计实际情境时，可以从学生日常生活中挑选具有代表性的场景。例如，购物、旅行、体育比赛等。学生可以运用数学知识和技能来解决与这些场景相关的问题，如计算商品折扣、规划旅行路线、分析比赛数据等。

设计实际情境还可以培养学生的问题解决能力和创新思维。通过提供一些

复杂的问题和挑战，鼓励学生思考多种解决方案，并运用数学知识进行分析和推理。学生可以尝试不同的方法和策略，寻找最佳解决方案，并评估每种方法的优缺点。

设计实际情境还可以促进学生的团队合作和沟通能力。可以让学生分组合作，共同解决一个实际问题。通过合作讨论和交流，学生可以分享自己的思路和观点，借鉴他人的思考方式，并共同寻找解决方案。

设计与学生实际生活相关的情境是一种有效的教学方法。通过将数学知识应用于实际问题中，可以增加学习的实用性和意义，激发学生的学习兴趣，并提高他们的数学应用能力、问题解决能力和创新思维。这样的设计还可以培养学生的团队合作和沟通能力，为他们未来的学习和职业发展打下坚实基础。

2. 项目学习：项目学习是一种有效的教学方法，可以帮助学生将数学知识应用于实际问题解决过程中。通过引导学生进行项目学习，提供实际问题和应用场景，可以培养学生的创新思维、解决问题的能力和团队合作精神。

在项目学习中，教师可以设计具体的实际问题，并将其与学生的日常生活或社会问题相联系。例如，设计一个房间装饰的项目，学生需要考虑到房间的尺寸、家具的布局和颜色搭配等因素，并运用数学知识来计算面积、比例和成本等。这样的项目可以让学生在实践中运用所学的数学知识，培养他们的创造力和实际应用能力。

在项目学习中，学生通常需要自主规划和组织工作，分工合作，并制定解决问题的策略和步骤。他们需要收集数据、分析信息，运用数学概念和技巧进行推理和计算，并不断反思和改进解决方案。这样的过程可以促使学生积极参与，发展他们的批判性思维和解决问题的能力。

学生通过项目学习，能够将数学知识与实际问题相结合，加深对数学概念的理解和应用。同时，项目学习也可以培养学生的团队合作和沟通能力，提高他们的创新思维和解决复杂问题的能力。这样的学习体验有助于激发学生的学习兴趣，提高他们的学习动力，并为未来的学习和职业发展打下坚实基础。

（三）评价学生在实际问题中的表现

1. 解决问题能力：评估学生在实际问题中的问题分析、计算和推理等解决问题的能力。

2. 应用知识和技能：评估学生将所学数学知识和技能应用于实际问题解决过程中的能力。

（四）提供指导与反馈

1. 提供提示和引导：在实际问题中提供适当的提示和引导，帮助学生理解问题背景和运用相应的数学知识和技能。

2. 定期反馈：定期与学生进行交流和反馈，了解他们在实际问题中的表现，并提供相应的指导和鼓励。

（五）注意事项和挑战

1. 题目设计：实际问题的设计需要考虑学生的年龄特点和认知水平，确保问题的可理解性和可操作性。

2. 学生困惑：学生可能会在将数学知识应用于实际问题时遇到困惑，需要教师及时提供支持和解答。

（六）引导学生将数学知识应用于实际问题的实施与展望

在小学数学教学中，引导学生将数学知识应用于实际问题应得到重视和实践。教师可以通过设计与学生实际生活相关的情境和项目学习，引导学生将数学知识应用于实际问题解决过程中。需要评价学生在实际问题中的解决问题能力和应用知识和技能的能力，并提供指导和反馈。需要注意题目设计和学生困惑的问题。可以进一步探索和创新引导学生将数学知识应用于实际问题的方法和技巧，提高评价的有效性和可持续性，促进学生全面发展。

三、探讨如何培养学生灵活运用知识和技能的能力

在小学数学教学中，培养学生灵活运用知识和技能的能力是提高他们数学思维和问题解决能力的关键。仅仅掌握知识和技能还不足以应对复杂的数学问题，而灵活运用知识和技能则可以帮助学生发展创造性思维和批判性思维。本文将探讨如何在小学数学教学中培养学生灵活运用知识和技能的能力，并将其纳入评价体系。

（一）灵活运用知识和技能的意义

1. 创造性思维：通过灵活运用知识和技能，学生可以从不同角度和方法解决问题，培养创造性思维和创新能力。

2. 批判性思维：灵活运用知识和技能可以帮助学生分析问题、评估解决方案的合理性，培养批判性思维和推理能力。

（二）培养学生灵活运用知识和技能的方法

1. 提供实践机会：为学生提供实践机会，让他们在实际问题中灵活运用所学知识和技能解决问题。为学生提供实践机会是一种重要的教学方法，可以帮助他们在实际问题中灵活运用所学知识和技能解决问题。通过实践，学生能够将抽象的概念转化为实际应用，加深对知识的理解和掌握。

实践机会可以采用多种形式，例如实地考察、实验、模拟情境等。教师可以组织学生参观企业、科研机构或社区，让他们亲身体验实际应用场景，并运用所学的数学知识解决相关问题。这样的实践机会可以使学生更好地理解知识与实际问题的关系，并培养他们的观察、分析和解决问题的能力。

另一种实践机会是通过实验进行学习。教师可以设计实验活动，让学生亲自操作并记录数据。学生需要分析实验结果，运用数学知识进行统计和推理，并得出结论。通过实验，学生可以直观地感受到数学知识的应用价值，并加深对知识的理解。

模拟情境也是提供实践机会的一种方式。教师可以设计情境模拟，让学生扮演特定的角色，并在虚拟或仿真环境中解决问题。学生需要运用数学知识进行计算和推理，以达到情境设定的目标。这样的实践机会可以培养学生的创新思维、团队合作和决策能力。

通过提供实践机会，学生能够将所学的数学知识应用于实际问题解决中。这种实践性的学习经验不仅加深了对知识的理解和掌握，还培养了学生的实际应用能力和解决问题的能力。实践机会还可以激发学生的学习兴趣，使他们更加主动地参与学习，并为未来的学习和职业发展打下坚实基础。

2. 引导思考：引导学生思考不同的解决方法和策略是培养他们从多个角度思考问题的重要方式。这种能力可以帮助学生拓宽思维，发现更多的解决途径，并提高他们的创新和问题解决能力。

教师可以通过以下方式来引导学生思考多个解决方法和策略：

（1）提供开放性问题：设计开放性问题，不仅有一个正确答案，而是可以引导学生探索多种解决方法。鼓励学生从不同的角度思考问题，并提出各自独特的解决方案。

（2）引导合作讨论：组织学生之间的小组或整体讨论，让他们分享自己的思路和解决方法。通过与他人交流和合作，学生可以借鉴他人的观点和思考方式，从而丰富自己的解决思路。

（3）提供多样化的资源：给学生提供多样化的学习资源，如书籍、互联网资料、实验等。这些资源可以激发学生的想象力，帮助他们发展多元化的解决方法和策略。

（4）鼓励尝试和反思：鼓励学生尝试不同的解决方法，并及时反思和评估其有效性。帮助学生认识到解决问题的多样性，并培养他们不断改进和创新的意识。

教师通过引导学生思考不同的解决方法和策略，可以培养学生的批判性思维和创造力。这种能力不仅在数学领域中有用，而且在各个学科和实际生活中都具有重要价值。学生能够更好地应对复杂的问题，提出创新的解决方案，并为未来的学习和职业发展打下坚实基础。

（三）评价学生灵活运用能力

1. 多样性：评估学生在解决问题时采用的方法和策略的多样性，包括不同的数学概念、技巧和思维方式。

2. 创新性：评估学生的创造性思维和解决问题的独特性，即是否能提出新颖的解决方法或推广思路。

（四）提供指导与反馈

1. 提供启发性问题：教师可以提供启发性的问题，引导学生从不同角度思考和解决问题，扩展他们的思维方式。

2. 定期反馈：定期与学生进行交流和反馈，了解他们的灵活运用能力的进步和困难，并提供相应的指导和鼓励。

（五）注意事项和挑战

1. 自信心：培养学生灵活运用知识和技能的能力需要建立良好的学习氛围，帮助学生培养自信心和勇于尝试的精神。

2. 个体差异：学生的灵活运用能力可能存在差异，需要根据个体差异提供个性化的指导和支持。

（六）培养学生灵活运用知识和技能的实施与展望

在小学数学教学中，培养学生灵活运用知识和技能的能力应得到重视和实践。教师可以通过提供实践机会和引导思考等方式，培养学生灵活运用知识和技能的能力。需要评价学生的多样性和创新性，并提供具体建议和反馈。可以进一步探索和创新培养学生灵活运用知识和技能的方法和技巧，提高评价的有效性和可持续性，促进学生全面发展。

第十四章　评价结果的处理与呈现

第一节　定性与定量评价方式的结合

一、结果的定量分析和统计

在小学数学教学中，进行结果的定量分析和统计是评价学生学习成果和教学效果的重要手段。传统的教学评价主要关注学生的知识掌握情况，而忽视了对学生学习过程和解题能力的深入分析。通过进行结果的定量分析和统计，可以客观地衡量学生的学习成果、发现问题和改进教学方法。

结果的定量分析和统计是小学数学教学评价的重要方面。通过测验评估和统计分析，可以客观地了解学生的学习成果和解题能力。需要评价学生的学习成绩和解题能力，并提供具体建议和反馈。需要注意测验设计的合理性和评价的公平性。可以进一步探索和创新结果的定量分析和统计的方法和技巧，提高评价的有效性和可持续性，促进学生全面发展。

（一）结果的定量分析和统计的意义

1. 知识掌握：通过定量分析和统计，可以客观地了解学生对数学知识的掌握程度和运用能力。

2. 教学效果：定量分析和统计可以帮助评估教学方法的有效性，为教师提供改进教学策略的依据。

（二）结果的定量分析和统计的方法

1. 测验评估：设计测验题目对学生进行定量测试是一种常用的评估方法，可以获得他们的学习成绩和解题能力。通过测验评估，教师可以了解学生在数学知识和技能方面的掌握程度，并为个性化指导和教学调整提供依据。

在设计测验题目时，教师可以根据学习目标和课程内容选择合适的题型和难度级别。题目可以覆盖不同的数学概念和技巧，如计算、推理、应用等。同时，也可以设置一些开放性问题，鼓励学生运用所学的数学知识解决实际情境中的问题。

通过测验评估，教师可以了解学生的学习成绩和解题能力。这有助于教师及时发现学生的优点和不足，针对性地给予反馈和指导。教师可以根据学生的表现，调整教学节奏、内容和策略，以满足学生的学习需求。

除了获得学生的学习成绩，测验评估还可以促进学生的学习和自我反思。通过参加测验，学生能够检验自己的学习成果，并了解自己的学习进展。他们可以通过分析测验结果，发现自己的薄弱点和改进方向，并制定相应的学习计划。

在进行测验评估时，教师也要注意综合考虑其他因素，如学生的兴趣、实际应用能力等。除了定量测试，教师还可以采用其他形式的评估方法，如口头表达、项目作品等，以获取更全面的学生评价。

通过设计测验题目对学生进行定量测试，可以获得他们的学习成绩和解题能力。这种评估方法有助于教师了解学生的学习状况和困难，为个性化指导和教学调整提供依据。同时，测验评估也促进了学生的学习和自我反思，帮助他们发现不足并制定改进计划。

3. 统计分析：通过统计方法对学生的成绩进行整体分析是一种有效的评估方法。利用统计方法，教师可以得到关于学生成绩的整体信息，如平均分、标准差等指标，从而更好地了解学生的学习状况和表现。

平均分是一个重要的统计指标，能够反映整体学生群体的学习水平。通过计算学生们的得分总和并除以学生人数，教师可以得到一个平均分数，从中了解学生的整体表现水平。

标准差是描述数据分布离散程度的统计指标。通过计算学生成绩与平均分之间的差异，并计算这些差异的平方平均值，教师可以得到一个标准差。标准差越大，表示学生的成绩分布越分散，可能存在学生之间的差距较大。

除了平均分和标准差，教师还可以使用其他统计方法进行进一步的分析。例如，绘制直方图或箱线图来展示学生成绩的分布情况，从中观察是否存在集中趋势或异常值。教师还可以比较不同班级或不同时间段的成绩，以了解是否存在差异和趋势。

教师通过统计分析，可以更全面地了解学生的学习表现，并据此做出相应的教学调整。例如，对于平均分较低的班级，教师可以针对性地强化相关知识点的教学；对于成绩波动较大的学生，教师可以提供个别指导或额外辅导，帮助他们提高学习水平。

通过统计方法对学生的成绩进行整体分析，教师可以获得关于学生学习状况的重要信息。这种评估方法可以帮助教师更好地了解学生的学习表现，从而制定相应的教学策略和措施，促进学生的学习进步。同时，统计分析也可以为学校和教育部门提供数据支持，用于评估教学质量和改进教育政策。（三）评价学生结果的定量分析和统计的表现

1. 学习成绩：通过对学生成绩的定量分析和统计，评估他们的学习成果。

2. 解题能力：通过对学生解题过程的定量分析和统计，评估他们的解题能力和思维逻辑。

（四）提供指导与反馈

1. 分析学生成绩：根据定量分析和统计的结果，分析学生的学习成绩和解题能力，发现问题和优点，并给予相应的指导和支持。

2. 及时反馈：定期与学生进行交流和反馈，了解他们在学习成绩和解题能力方面的进步和困难，并提供具体建议和鼓励。

（五）注意事项和挑战

1. 测验设计：需要设计合理的测验题目，兼顾知识点的广度和深度，以全面评估学生的学习成果。

2. 公平性：结果的定量分析和统计需要保证公平性，避免因个体差异或其他因素导致评价不准确。

（六）结果的定量分析和统计的实施与展望

在小学数学教学中，进行结果的定量分析和统计应得到重视和实践。教师可以通过测验评估和统计分析，客观地了解学生的学习成果和解题能力。需要评价学生的学习成绩和解题能力，并提供具体建议和反馈。需要注意测验设计

的合理性和评价的公平性。可以进一步探索和创新结果的定量分析和统计的方法和技巧，提高评价的有效性和可持续性，促进学生全面发展。

二、结果的定性描述和呈现

在小学数学教学中，进行结果的定性描述和呈现是评价学生学习成果和教学效果的重要手段。传统的教学评价主要关注学生的知识掌握情况和解题能力，忽视了对学生思维过程和态度的深入观察和分析。通过进行结果的定性描述和呈现，可以全面了解学生的学习情况、问题解决策略和学习动机。

（一）结果的定性描述和呈现的意义

1. 学习情况：定性描述和呈现可以帮助教师全面了解学生的学习情况，包括学习兴趣、学习动机和学习态度等。

2. 问题解决策略：定性描述和呈现可以观察学生的问题解决策略和思考过程，了解他们的思维方式和推理能力。

（二）结果的定性描述和呈现的方法

1. 观察记录：教师通过观察学生的学习情况和问题解决策略，进行详细记录和描述是一种重要的评估方法。通过这种观察记录，教师能够获得学生在学习过程中的行为表现、思考方式和学习困难等信息。

教师可以观察学生在课堂上的参与程度、注意力集中度以及对学习任务的态度和动机。他们还可以关注学生的解题思路、步骤和策略选择，并记录学生在解决问题时遇到的困难和挑战。同时，教师也可以记录学生在合作学习中的表现，如团队合作、沟通和领导能力等方面。

观察记录应该尽可能客观、准确和具体。教师可以采用文字记录、摄像录像或音频记录等形式，将观察到的学生行为和思考过程进行详细描述。例如，记录学生的解题步骤、使用的数学概念和技巧，以及他们在解题过程中的关键观察和推理。

教师通过观察记录，可以更全面地了解学生的学习状况和问题解决能力。这些观察记录提供了客观的证据和数据，帮助教师做出准确的评估和指导。教师可以根据观察记录，发现学生的优点和不足，并针对性地给予反馈和支持。

观察记录还可以促进学生的自我反思和成长。教师可以与学生分享观察记录，让他们意识到自己的学习行为和思考方式，并激发他们主动改进和提高。

通过观察记录学生的学习情况和问题解决策略，教师可以获得有关学生学习状况和困难的重要信息。这种评估方法可以帮助教师更全面地了解学生，制定个性化的教学策略和指导方案。同时，观察记录也促进学生的自我反思和成长，帮助他们发现问题并改进学习策略，从而提高学习效果和成绩。

3. 学生自述：要求学生写下自己的学习心得、问题解决策略和思考过程是一种促进学生自主反思和学习成长的重要方法。通过学生的自述，教师可以深入了解他们在学习过程中的体验、困惑和收获。

学生可以通过书面记录、电子文档或数字化笔记等形式，写下自己的学习心得。他们可以总结自己的学习经验和方法，分享成功的学习策略和技巧，以及面对挑战时采取的解决方案。这样的自述可以帮助学生整理思绪，加深对学习过程的理解，并为今后的学习提供指导。

学生还可以通过自述记录自己的问题解决策略和思考过程。他们可以详细描述自己在解决问题时的思路、步骤和选择的数学概念和技巧。学生可以回顾自己的解题过程，分析其中的关键观察和推理，以及遇到的难点和困扰。这样的自述可以帮助学生更深入地了解自己的解题能力和发展方向，同时也给教师提供有价值的信息，用于个性化指导和教学调整。

教师通过学生的自述，可以获得学生自主反思和学习成长的重要见解。这种评估方法鼓励学生主动参与自我评价和反思，并培养他们的元认知能力和自主学习能力。同时，学生的自述也为教师提供了深入了解学生学习需求和困难的机会，从而更好地制定个性化的指导和支持方案。

要求学生写下自己的学习心得、问题解决策略和思考过程是一种促进学生自主反思和学习成长的重要方法。学生通过自述可以加深对学习过程的理解，总结成功的学习策略和技巧，并分析自己在解题中的思路和难点。这种评估方法有助于培养学生的元认知能力和自主学习能力，为个性化指导和教学调整提供有价值的信息。

（三）评价结果的定性描述和呈现的表现

1. 学习态度：通过观察和学生自述，描述学生的学习态度，包括积极性、主动性和合作精神等。

2. 问题解决策略：通过观察和学生自述，描述学生的问题解决策略，包括逻辑思维、创新能力和批判性思维等。

（四）提供指导与反馈

1. 分析学生情况：根据定性描述和呈现的结果，分析学生的学习情况和问题解决策略，发现问题和优点，并给予相应的指导和支持。

2. 及时反馈：定期与学生进行交流和反馈，了解他们在学习情况和问题解决策略方面的进步和困难，并提供具体建议和鼓励。

（五）注意事项和挑战

1. 观察技巧：教师需要培养良好的观察技巧，能够准确观察和描述学生的学习情况和问题解决策略。

2. 学生自信心：进行定性描述和呈现需要营造积极的学习氛围，帮助学生树立自信心并勇于表达自己的思考过程。

（六）结果的定性描述和呈现的实施与展望

在小学数学教学中，进行结果的定性描述和呈现应得到重视和实践。教师可以通过观察记录和学生自述的方式，详细描述学生的学习情况和问题解决策略。需要评价学生的学习态度和问题解决策略，并提供具体建议和反馈。需要注意观察技巧和学生自信心的问题。可以进一步探索和创新结果的定性描述和呈现的方法和技巧，提高评价的有效性和可持续性，促进学生全面发展。

三、探讨定性与定量评价方式的优缺点及其适用范围

在小学数学教学中，评价学生学习成果和教学效果是促进学生发展的重要环节。评价可以采用定性和定量两种不同的方式进行。定性评价侧重于描述和观察学生的学习情况、思维过程和态度；而定量评价则更关注学生成绩和数据分析。定性与定量评价方式各有优缺点，并在不同的情境下具有不同的适用范围。定性评价强调了解学生的思维过程和态度，适用于了解学生个体特点和指

导个性化学习；定量评价注重客观性和数量化比较，适用于对学生成绩和数据进行整体分析。结合定性和定量评价方式可以提供更全面的评价，但也需要考虑时间和精力消耗以及数据整合的困难。可以进一步研究和探索如何更好地结合定性与定量评价方式，以促进学生全面发展和教学质量的提升。

（一）定性评价方式

1. 优点

（1）描述详细：定性评价可以通过观察、记录和学生自述，提供详细的学习情况和思维过程的描述。

（2）全面了解学生：定性评价可以了解学生的学习动机、学习态度和问题解决策略等方面的信息。

（3）可个性化指导：通过定性评价，教师可以根据学生的特点和需求，给予个性化的指导和支持。

2. 缺点

（1）主观性较高：定性评价受到教师主观观察和记录的影响，可能存在个体差异和主观偏见。

（2）难以量化比较：定性评价结果难以进行直接的数量化比较，不便于进行全面的统计和分析。

3. 适用范围

定性评价是一种适用于了解学生的思维过程、问题解决策略、学习态度等方面的重要方法。相比于定量评价，定性评价更注重对学生个体特点的理解和指导。

在定性评价中，教师可以通过观察、访谈、记录学生的行为和言语来收集详细的信息。通过这些数据，教师能够深入了解学生的思维过程、解题策略以及他们对学习的态度和动机。教师可以通过记录学生的言行举止、思考方式和解决问题的策略，把握到学生个体的差异和特点。

定性评价强调对学生个体特点的理解和指导，有助于教师为每个学生提供个性化的支持和指导。通过深入了解学生的思维方式和学习态度，教师可以根据不同学生的需求，制定针对性的教学策略和辅导计划。这样的个性化指导可以更好地满足学生的学习需求，促进他们的学习进步。

定性评价还可以帮助学生自我认知和成长。通过反馈和指导，学生可以了解自己的学习优点和不足，从而有针对性地调整学习策略和思维方式。定性评价也鼓励学生参与自我反思和目标设定，培养他们的元认知能力和自主学习能力。

定性评价是一种重要的方法，用于了解学生的思维过程、问题解决策略、学习态度等方面。通过深入观察和记录，教师可以获取详细的学生信息，了解他们的个体特点和需求。定性评价强调个性化指导和支持，促进学生的学习成长和自主发展。同时，定性评价也为学生提供了自我认知和反思的机会，培养他们的元认知能力和自主学习能力。

（二）定量评价方式

1. 优点

（1）客观性高：定量评价基于数据和成绩，具有较高的客观性，减少主观因素的干扰。

（2）方便比较：定量评价结果可以进行数量化的比较和统计，便于查看整体情况和趋势。

2. 缺点

（1）忽视个体差异：定量评价可能忽视学生的个体差异，只关注结果而忽略学生的思考过程和态度。

（2）局限性：定量评价无法全面了解学生的思维方式、创新能力和解决问题策略等非量化因素。

3. 适用范围

在定量评价中，教师可以使用标准化考试、测验或作业等形式的评估工具来收集学生的数据。这些数据可以通过分数、百分比或等级等方式进行量化表示。教师可以将学生的得分进行比较，计算平均分、标准差等统计指标，以了解学生整体学习水平和分布情况。

定量评价适合进行全班或全校范围的数据分析和统计，能够提供全面的概览和比较。通过定量评价，教师可以得到有关学生学习成绩和解题能力的整体信息。这有助于教师了解学生群体的学习状况、识别集体的优势与不足，并据此制定相应的教学策略和改进措施。

除了对学生个体的评估，定量评价还为学校和教育部门提供了重要的数据支持。通过汇总和分析学生的成绩数据，可以评估教学质量、制定教育政策，并进行横向和纵向的比较。这样的数据分析有助于发现问题和趋势，为教学改进和决策提供科学依据。

定量评价也有其局限性，不能全面反映学生的个体特点和复杂能力。因此，在评价学生时，综合运用定量和定性评价方法是更加全面和准确的方式。定量评价和定性评价的结合，能够提供更多维度的信息，促进学生全面发展和个性化指导。

定量评价是一种适用于对学生的学习成绩、知识掌握程度和解题能力进行量化和比较的重要方法。它适合进行全班或全校范围的数据分析和统计，为教师和学校提供全面的学生学习情况和教育管理的参考。然而，定量评价需要与定性评价相结合，才能更好地了解学生的个体特点和发展需求。（三）定性与定量评价方式的结合

1. 优点

（1）综合全面：定性和定量评价方式相结合可以综合考虑学生的学习情况、思维过程和成绩等方面，提供更全面的评价。

（2）互补优势：定性评价强调对个体特点的理解和指导，而定量评价则侧重于客观性和数量化比较，两者可以相互补充和纠正。

2. 缺点

（1）时间和精力消耗：同时进行定性和定量评价需要投入更多的时间和精力。

（2）数据整合困难：将定性和定量评价结果进行整合和对比可能存在困难。

3. 适用范围

结合定性和定量评价方式是一种综合评价学生学习情况和教学效果的有效方法。这种方法既关注学生个体特点，又能进行总体分析和比较，提供更全面、准确的评估结果。

通过定性评价，教师可以深入观察和记录学生的学习过程、思考方式、问题解决策略等细节信息。这些观察记录可以揭示学生的个体特点、学习态度和困扰点，为个性化指导和支持提供依据。定性评价强调对学生的理解和指导，促进学生自主反思和发展。

而通过定量评价，教师可以收集学生的成绩数据、考试结果等量化指标，进行全班或全校范围的分析和比较。定量评价提供了一个整体的概览，能够快速了解学生整体的学习水平和问题分布情况。它有助于评估教学效果、发现集体的优势与不足，并为教学改进和决策提供数据支持。

结合定性和定量评价方式，可以充分利用两种方法的优势，避免单一评价方法的局限性。通过综合分析定性和定量评价的结果，教师能够获得更全面、准确的学生评估信息。这有助于教师了解学生的整体情况和个体特点，制定个性化的教学策略和指导方案。同时，综合评价也可以为学校和教育部门提供综合数据支持，用于评估教学质量和改进教育政策。

结合定性和定量评价方式是一种综合评价学生学习情况和教学效果的有效方法。这种方法既关注学生个体特点，又能进行总体分析和比较，提供更全面、准确的评估结果。通过综合分析定性和定量评价的结果，教师能够全面了解学生的学习状况和发展需求，为个性化指导和教学调整提供科学依据。

第二节　利用多种形式记录和展示评价结果

一、强调学生作品和展示活动的重要性

在小学数学教学中，强调学生作品和展示活动的重要性是培养学生创造性思维、合作精神和问题解决能力的关键。传统的教学模式注重知识的传授和应用，而忽视了学生主动参与和创造的机会。通过强调学生作品和展示活动，可以激发学生的创造力和积极性，培养他们的表达能力和批判思维，并促进他们将数学知识应用于实际问题解决中。

（一）学生作品和展示活动的意义

1. 创造性思维：学生作品和展示活动可以激发学生的创造力和创新思维，鼓励他们提出新颖的解决方法和推广思路。

2. 合作精神：通过合作设计和展示活动，学生可以培养团队合作和协作精神，提高社交技巧和沟通能力。

3. 实践应用：学生作品和展示活动将数学知识应用于实际问题解决中，帮助学生理解数学的实际意义和应用场景。

（二）强调学生作品和展示活动的方法

1. 项目式学习：设计具有实际背景和情境的数学项目，要求学生合作完成，并进行展示和分享。

2. 学生作品展：组织学生作品展，让学生展示他们的创作成果和解题过程。

（三）评价学生作品和展示活动的表现

1. 创新性：评估学生作品和展示活动的创新性，包括新颖的创作思路和解决方法。

2. 表达能力：评估学生对作品和展示活动的清晰表达和有效沟通的能力。

（四）提供指导与反馈

1. 引导问题提问：教师可以通过问题引导，帮助学生更好地展示和表达作品和展示活动。

2. 及时反馈：定期与学生进行交流和反馈，了解他们在作品和展示活动中的进步和困难，并提供具体建议和鼓励。

（五）注意事项和挑战

1. 学生自信心：强调学生作品和展示活动需要营造积极的学习氛围，帮助学生树立自信心并勇于表达自己的创意和解决思路。

2. 评价公平性：评价学生作品和展示活动需要保证公平性，注重学生的创新性和表达能力，而不仅仅关注结果的正确与否。

（六）强调学生作品和展示活动的实施与展望

在小学数学教学中，强调学生作品和展示活动应得到重视和实践。教师可以通过项目式学习和学生作品展等方式，激发学生的创造力和合作精神。需要评价学生作品和展示活动的创新性和表达能力，并提供具体建议和反馈。需要注意学生自信心和评价公平性的问题。未来，可以进一步探索和创新强调学生作品和展示活动的方法和技巧，提高评价的有效性和可持续性，促进学生全面发展。

二、分析评价结果的反馈与交流方式

在小学数学教学中，评价结果的反馈与交流是促进学生学习和教师教学改进的重要环节。传统的教学评价注重对学生成绩的简单反馈，缺少深入的交流和指导。通过有效的评价结果反馈与交流，可以帮助学生了解自己的学习情况，促进其自主学习和问题解决能力的提升；同时，教师也可以通过与学生的交流来了解他们的学习需求和困难，以便更好地调整教学策略。

（一）评价结果的反馈方式

1. 书面反馈：通过书面形式向学生提供评价结果和建议，例如评语、批注和评估表。

2. 口头反馈：面对面或通过电话等方式，直接向学生进行评价结果的口头反馈。

（二）评价结果的交流方式

1. 学生个别会谈：与学生一对一地进行交流，了解他们的学习情况、困惑和需求，并提供个性化的指导和支持。

2. 小组讨论：组织学生进行小组讨论，互相分享学习体验和解决问题的方法，促进合作学习和交流。

（三）评价结果反馈与交流的优化策略

1. 温暖鼓励：在反馈和交流中注重温暖鼓励，激发学生的学习兴趣和自信心，帮助他们树立积极的学习态度。

2. 针对性建议：针对学生的具体问题和困难，给予具体、实用的建议，帮助他们改进和提高。

（四）评价结果反馈与交流的挑战与解决方案

1. 学生情感因素：学生可能因为评价结果而产生焦虑或压力。教师可以通过理解和支持来缓解他们的情感压力，鼓励他们从错误中学习。

2. 时间和资源限制：教师在面对大量学生时可能时间有限。可以采用分批反馈或利用技术工具进行部分自动化反馈以解决这一问题。

（五）评价结果反馈与交流的效果与影响

1. 学生自主学习能力：通过评价结果的反馈与交流，学生可以更好地了解自己的学习情况，提高自主学习和问题解决能力。

2. 教师教学改进：通过与学生的交流，教师可以了解学生的学习需求和困难，及时调整教学策略和方法。

（六）结论

评价结果的反馈与交流在小学数学教学中起着重要的作用。采用书面反馈和口头反馈方式向学生提供评价结果，并通过个别会谈和小组讨论等方式进行交流，有助于促进学生的自主学习和教师的教学改进。在反馈与交流过程中，需要注重温暖鼓励和针对性建议，同时应考虑学生情感因素和时间资源限制的挑战。评价结果的反馈与交流可以提高学生的自主学习能力和教师的教学质量，为学生的全面发展和学校的教育目标做出贡献。

三、探索如何合理记录和展示评价结果

在小学数学教学中，合理记录和展示评价结果是对学生学习情况和教学效果进行有效管理和沟通的重要环节。传统的评价方式主要依靠纸质成绩单和简单的评语，无法全面反映学生的学习过程和能力发展。通过合理记录和展示评价结果，可以帮助学生了解自己的学习情况，激发学习动力；同时，也方便教师、家长和学校了解学生的学习进展，并为教学改进提供参考。

（一）合理记录评价结果的方式

1. 学生成绩单：使用学生成绩单记录学生的考试成绩、平时作业完成情况等。

2. 评估表格：设计评估表格记录学生的学习表现、问题解决能力、创新思维等方面的评价结果。

3. 学习档案：建立学生学习档案，包括作品集、学习记录和自我评价等，

全面记录学生的学习过程和成长。

（二）合理展示评价结果的方式

1. 学生作品展：组织学生作品展，展示学生的创作作品、解题思路和问题解决能力。

2. 家长会议：与家长进行面对面的交流会议，展示学生的学习情况和评价结果，并共同探讨学生的发展方向。

3. 学校公示：通过学校内部的公示板、网站等渠道，展示学生的优秀作品和评价成果。

（三）合理记录和展示评价结果的关键考虑因素

1. 全面性：评价结果应涵盖学生的学习成绩、问题解决能力、创新思维等多个方面，全面反映学生的学习情况。

2. 温暖鼓励：评价结果的记录和展示应注重温暖鼓励，激发学生的学习动力和自信心。

3. 公平性：评价结果的记录和展示应保证公平性，避免评价结果受到个体差异和主观偏见的影响。

（四）合理记录和展示评价结果的挑战与解决方案

1. 隐私保护：评价结果的记录和展示需要注意学生隐私保护的问题，避免泄露个人信息。

2. 教师工作量：评价结果的记录和展示需要教师投入大量时间和精力。可以采用技术工具来简化记录和展示过程，减轻教师工作负担。

（五）合理记录和展示评价结果的效果与影响

1. 学生自主学习：通过合理记录和展示评价结果，激发学生的学习动力和自主学习能力。

2. 家校沟通：评价结果的展示为家长提供了了解学生学习情况的机会，促进家校之间的有效沟通与合作。

3. 教学改进：评价结果的记录和展示为教师提供了了解学生需求和问题所在的参考，以便更好地调整教学策略。

（六）结论

合理记录和展示评价结果对于小学数学教学的管理和沟通具有重要意义。通过使用学生成绩单、评估表格和学习档案等方式合理记录评价结果，可以全面反映学生的学习情况和能力发展；同时，通过学生作品展、家长会议和学校公示等方式合理展示评价结果，可以促进学生的学习动力和家校之间的有效沟通。在记录和展示评价结果时，需要考虑全面性、温暖鼓励和公平性等因素，并解决隐私保护和教师工作量的挑战。合理记录和展示评价结果可以促进学生自主学习、家校沟通和教学改进。未来，我们应进一步探索更科学、高效的记录和展示方式，以提高评价的效果和可持续性。

第十五章 总结与展望

第一节 对小学数学教学与评价的总结

一、总结本专著的主要观点和研究成果

本专著旨在探讨小学数学教学与评价的相关问题，并提出一系列观点和研究成果。通过对小学数学教学与评价的深入研究，我们希望能够提供有益的理论指导和实践参考，促进小学数学教学质量的提升和学生综合素养的全面发展。

（一）主要观点总结

1. 学生中心的教学：本专著强调以学生为中心的教学模式，重视培养学生的创造力、合作精神和问题解决能力。

2. 多元化的评价方式：本专著主张采用多种评价方式，包括定性评价和定量评价，注重学生的学习情况、思维过程和态度等方面的评价。

3. 结果与过程的关联：本专著强调将结果的定量分析和统计与过程的定性描述和呈现相结合，全面了解学生的学习成果和解题能力，促进学生全面发展。

（二）研究成果总结

1. 教学与评价的整合：通过研究和实践，本专著提出了一种将教学和评价相互整合的模式，旨在促进有效的教学和评价反馈。

2. 学生作品和展示活动的重要性：研究表明，学生作品和展示活动对于培养学生创造性思维、合作精神和问题解决能力具有重要意义。

3. 结果的记录和展示方式：本专著探讨了合理记录和展示评价结果的方式，包括学生成绩单、评估表格、学习档案等多种形式，以满足不同评价需求。

4. 评价结果的反馈与交流方式：通过研究，本专著提出了有效的评价结果

反馈与交流方式，包括书面反馈、口头反馈、个别会谈和小组讨论等，以促进学生学习和教师改进。

（三）对未来的启示和展望

1. 本专著的主要观点和研究成果为小学数学教学与评价提供了有益的理论指导和实践参考。然而，仍有一些问题值得进一步研究和探索。

2. 教学与评价的创新整合：未来需要进一步研究如何更好地将教学和评价相互整合，促进教学质量的提升和学生综合素养的全面发展。

3. 新型评价工具和方法：应继续研究和开发新型的评价工具和方法，以适应不断变化的教育环境和学生需求。

4. 教师专业发展：教师的专业发展对于教学质量的提升至关重要，未来需要关注教师培训和支持，以提高他们的教学能力和评价意识。

5. 跨学科合作：小学数学教学与评价需要与其他学科进行紧密的跨学科合作，促进学科之间的整合和学生全面发展。

二、强调小学数学教学与评价的重要性和意义

小学数学教学与评价是培养学生数学素养、发展创造性思维和问题解决能力的关键环节。优质的小学数学教学和评价能够帮助学生建立扎实的数学基础，提高逻辑思维和数学推理能力，并促进学生全面发展。

（一）培养数学素养

小学数学教学与评价是培养学生数学素养的基础。通过系统的数学课程和教学活动，学生能够掌握基本的数学概念、原理和方法，形成正确的数学思维方式。而评价则可以检验学生对数学知识和技能的掌握程度，帮助他们不断提升自己的数学水平。

（二）发展创造性思维和问题解决能力

小学数学教学与评价也为学生的创造性思维和问题解决能力的发展提供了契机。数学教学应注重培养学生的探究精神和创新能力，激发他们对数学问题的兴趣和热情。而评价则可以通过观察和分析学生的解题过程和策略，了解他们的思维方式和推理能力，从而提供有针对性的指导和支持。

（三）促进学生全面发展

小学数学教学与评价还能够促进学生的全面发展。除了数学知识和技能的学习，教学和评价应关注学生的学习态度、学习动机和合作精神等方面。通过鼓励学生主动参与、分享经验和解决问题，可以培养学生的自主学习能力、社交技巧和团队合作能力。

（四）提高教学质量

小学数学教学与评价的重要性还体现在提高教学质量方面。优质的教学和评价能够帮助教师了解学生的学习需求和困难，及时调整教学策略和方法。同时，有效的评价结果反馈和交流可以提供学生个性化的指导和支持，激发他们的学习动力和自信心。

（五）推动教育改革

小学数学教学与评价的重要性也体现在推动教育改革方面。通过关注小学数学教学与评价，可以引起教育决策者和教师对教学质量和学生发展的重视，促进教育改革的深入推进。只有通过不断探索和实践，才能不断改进教学和评价方法，提高教育的效果和质量。

（六）结论

小学数学教学与评价的重要性和意义不容忽视。它不仅是培养学生数学素养和发展创造性思维的基础，还能促进学生全面发展，提高教学质量，并推动教育改革的进程。未来，我们应更加重视小学数学教学与评价的重要性，加强理论研究和实践探索，以提高教育的质量和学生的综合素养。只有这样，才能够为学生的未来发展奠定坚实的基础，并为社会的进步做出积极的贡献。

三、提出对小学数学教学与评价的总体思考

小学数学教学与评价是培养学生数学素养和综合能力的重要环节。随着教育改革的推进，对小学数学教学与评价的关注也日益增加。

（一）目标的一致性

小学数学教学与评价应该具有目标的一致性，即教学的目标与评价的目标相一致。教学目标应以培养学生的数学素养、创造性思维和问题解决能力为核

心，强调学生的主动参与和深度理解。而评价目标则应关注学生的学习成果和能力发展，同时注重学生的学习过程和态度。只有通过确立一致的目标，才能促进教学和评价的有效衔接，实现教学评价的有机整合。

（二）学生的主体地位

小学数学教学与评价应赋予学生更多的主体地位，激发他们的学习动力和自主学习能力。教师应从传统的知识传授者转变为学生的引导者和合作伙伴，通过问题导入、讨论和探究活动等方式激发学生的学习兴趣和思考能力。评价也应注重学生的参与和反思，鼓励学生表达自己的观点和解决问题的方法。只有将学生置于学习的主体地位，才能更好地促进他们的学习和成长。

（三）多元化的评价方式

小学数学教学与评价应采用多元化的评价方式，以全面了解学生的学习情况和能力发展。除了传统的笔试和作业评价外，还可以借助学生作品和展示活动、小组合作和项目式学习等方式进行评价。这些方式可以更好地观察学生的学习过程和问题解决策略，提供更丰富的评价信息。同时，评价结果的反馈和交流也应多样化，包括书面反馈、口头反馈和个别会谈等，以满足不同学生的需求和特点。

（四）培养综合素养

小学数学教学与评价的终极目标是培养学生的综合素养。除了数学知识和技能的掌握外，教学和评价应关注学生的创新能力、批判思维和沟通表达能力等方面。教师可以通过鼓励学生的创造性思维和解决问题的方法，培养他们的创新精神和合作能力。评价也应注重学生的综合素养的评估，以促进学生全面发展。

（五）结论

小学数学教学与评价需要进行总体思考，以实现目标的一致性、学生的主体地位和多元化的评价方式。目标的一致性要求教学和评价的目标相一致，关注学生的数学素养和能力发展。学生的主体地位要求教师转变角色，赋予学生更多的主动参与和自主学习能力。多元化的评价方式要求采用不同的评价形式，全面了解学生的学习情况和能力发展。通过这些努力，可以促进小学数学教学与评价的有效衔接和学生的全面发展。未来，我们应持续关注小学数学教学与评价的改进和创新，以提高教育的质量和学生的综合素养。

第二节　未来发展方向和挑战

一、展望小学数学教学与评价的未来发展趋势

小学数学教学与评价作为培养学生数学素养和综合能力的重要环节，随着教育改革和技术发展的推进，将面临新的挑战和机遇。未来的发展趋势需要关注学生个性化学习、技术应用、跨学科融合等方面。

（一）个性化学习与评价

未来，小学数学教学与评价将更加注重个性化学习和评价。针对不同学生的学习需求和兴趣，教师可以采用差异化的教学策略和资源，以满足学生的个性化学习需求。同时，评价也应根据学生的个体差异进行定制，注重学生的个人成长和进步。个性化的学习与评价有助于激发学生的学习动力和自主学习能力，促进他们全面发展。

（二）技术应用在教学与评价中的重要性

未来，技术应用将在小学数学教学与评价中发挥越来越重要的作用。教师可以利用数字化教学资源、在线学习平台和智能化评价工具，提供个性化的教学和评价支持。技术应用还可以促进学生之间的合作学习和交流，以及家校之间的沟通与合作。同时，教师也需要不断学习和掌握相关技术，灵活运用于教学与评价实践中。

（三）跨学科融合的趋势

未来，小学数学教学与评价将越来越注重跨学科的融合。数学与其他学科的融合有助于培养学生的综合能力和解决问题的能力。例如，数学与科学、艺术等学科的结合，可以促进学生的创新思维和实践能力的发展。跨学科的融合还可以帮助学生更好地理解和应用数学知识，增强学习的连贯性和实际意义。

（四）重视学生自主学习和反思能力

未来，小学数学教学与评价将更加重视学生的自主学习和反思能力的培养。学生在教学和评价过程中需要具备主动参与、探究和解决问题的能力。教师应引导学生进行自主学习，培养他们的学习兴趣和持续学习的能力。评价也应注重学生的反思和自我评价，帮助他们认识自己的学习过程和成果，形成良好的学习习惯和自我管理能力。

（五）注重教师专业发展

未来，小学数学教学与评价还需要注重教师的专业发展。教师需要不断学习和更新教学理念、教学方法和评价策略，以适应不断变化的教育环境和学生需求。教师专业发展可以通过教育培训、研究交流和合作学习等方式进行，以提高他们的教学能力和评价意识。

（六）结论

未来，小学数学教学与评价将面临个性化学习、技术应用、跨学科融合、学生自主学习和教师专业发展等方面的发展趋势。为了顺应这些趋势，我们应关注学生的个体差异，提供个性化的学习与评价支持；积极探索和应用教育技术，提高教学和评价效果；促进不同学科之间的融合，培养学生的综合能力；重视学生的自主学习和反思能力的培养；以及关注教师的专业发展和教学素养的提升。通过这些努力，我们可以更好地适应未来教育的需求，提高小学数学教学与评价的质量和效果，为学生的全面发展做出贡献。

二、探讨可能面临的挑战和问题

小学数学教学与评价在推动学生数学素养和综合能力发展方面起着重要作用。然而，随着社会和教育环境的变化，教师和教育工作者可能会面临一些挑战和问题。

（一）课程压力与时间限制

小学数学教学面临的首要挑战是课程压力和时间限制。由于教学任务繁重，教师往往面临时间不足的情况，无法深入讲解和引导学生进行探究式学习。评价也受到时间限制，往往只能以定量方式对学生进行简单的成绩评估。为了解决这一问题，需要注重合理规划课程，精选教材内容，注重关键知识和能力的培养，同时利用技术手段进行部分自动化评价，减轻教师负担，提高教学效率。

（二）评价标准的多样性和主观性

小学数学评价面临的另一个挑战是评价标准的多样性和主观性。不同教师和学校可能对学生的学习表现有不同的理解和评判标准，导致评价结果的不一致性。为了解决这个问题，需要建立统一的评价标准和指南，确保评价的公平性和客观性。同时，加强教师的专业培训和交流，提高他们的评价能力和意识。

（三）个体差异和学生需求

小学数学教学与评价还需要面对学生个体差异和不同学习需求的挑战。每个学生在数学学习方面有着不同的背景知识、兴趣和学习风格。传统的集中式教学和统一的评价方式难以满足不同学生的需求。因此，教师需要采用差异化教学策略，提供个性化的学习支持和评价反馈。这可以通过小组合作学习、个别辅导和定制化评价等方式实现，以满足学生的不同需求。

（四）技术应用和数字鸿沟

虽然技术应用可以提供更多的教学和评价工具，但面临数字鸿沟和技术能力不足等挑战。部分学校和教师可能缺乏必要的技术设备和培训资源，无法充分利用技术来支持教学和评价工作。因此，需要加强对教师的技术培训和支持，提高他们的技术能力和应用水平。同时，教育部门和学校应加大对技术设备和资源的投入，以促进技术在教学与评价中的广泛应用。

（五）家长参与和沟通

小学数学教学与评价还需要面对家长参与和沟通的挑战。由于家庭背景、教育观念和时间限制等因素，家长参与度和理解度可能存在差异。为了解决这一问题，教师和学校需要加强与家长的沟通和合作，及时向他们传达学生的学习情况和评价结果，帮助家长了解和支持学生的学习。同时，也需要通过家长会议、家校联络员等方式建立有效的沟通机制，促进家校之间的良好互动。

（六）结论

小学数学教学与评价面临课程压力、评价标准的多样性、个体差异和技术应用等挑战。为了克服这些问题，需要合理规划课程，注重评价标准的统一和客观性，实施差异化教学策略和个性化评价反馈，加强师资培训和技术支持，促进家校合作与沟通。通过不断努力，我们可以逐步解决这些挑战，提高小学数学教学与评价的质量和效果，为学生的全面发展做出积极贡献。

三、提出未来研究和实践的方向建议

小学数学教学与评价在促进学生数学素养和综合能力发展方面起着重要作用。然而，随着教育环境和学生需求的变化，我们需要不断探索新的研究方向和实践路径，以提高教学质量和评价效果。

（一）个性化学习与评价

未来的研究和实践应注重个性化学习与评价。个性化学习意味着根据每个学生的学习特点和需求，提供个性化的教学和评价支持。研究可以探索差异化教学策略和资源的设计与应用，以满足学生的不同学习需求。实践中可以通过智能化评价工具和个性化学习平台等技术手段，提供个性化的学习反馈和支持，促进学生的自主学习和成长。

（二）跨学科融合与问题解决能力培养

未来的研究和实践应注重小学数学与其他学科的跨学科融合，以培养学生的问题解决能力和创新思维。研究可以探索数学与科学、艺术、社会等学科的融合方式，促进学生在解决实际问题和应用数学知识方面的能力发展。实践中可以设计跨学科项目和活动，鼓励学生进行探究和合作，培养他们的创新精神和团队合作能力。

（三）技术应用与教师专业发展

未来的研究和实践应注重技术应用与教师专业发展。研究可以探索教育技术在小学数学教学与评价中的有效应用，包括在线学习平台、虚拟实验室和智能化评价工具等。同时，需要关注教师对技术的应用能力和教学策略的培训。实践中可以开展教师培训和教学改进项目，提高教师的教学能力和评价意识，推动教师专业发展和教育改革。

（四）学生参与与反思能力培养

未来的研究和实践应注重学生参与与反思能力的培养。研究可以探索学生在教学与评价中的主体地位，通过学生作品展、小组讨论和个别辅导等方式促进学生的主动参与和学习动力。实践中可以引导学生进行自我评价和反思，培养他们的学习策略和自我管理能力，提高学习效果和成就感。

（五）家校合作与沟通

未来的研究和实践应注重家校合作与沟通。研究可以探索家长对数学教学与评价的理解和支持，以及家庭教育与学校教育的有机衔接。实践中可以建立家校合作平台和定期家长会议，加强教师与家长之间的沟通与合作，共同关注学生的学习情况和发展需求。

（六）结论

未来的小学数学教学与评价需要关注个性化学习与评价、跨学科融合与问题解决能力培养、技术应用与教师专业发展、学生参与与反思能力培养以及家校合作与沟通。通过在这些方面进行研究和实践，可以推动小学数学教学与评价的发展，提高教学质量和评价效果，促进学生的全面发展。我们应加强理论研究和实践探索，不断推动小学数学教学与评价的创新与改进，为学生的未来发展奠定坚实基础。

参考文献

[1] 教师评价观念：内涵、与评价实践的关系及其差异性[J]. 张志红;李凌艳.中国考试,2022(04)

[2] 由甄别选拔到促进发展:学生评价改革的方向[J]. 曾继耘.教育理论与实践,2003(19)

[3] 指导学生写整理型数学日记的探究[J]. 陆正娟.成才之路,2016(05)

[4] 小日记有大智慧——浅谈数学日记在小学数学教学中的价值[J]. 罗兰兰.中国教育技术装备,2013(07)

[5] 学习新课标 寻找新纽带——"数学日记"教学之我见[J]. 潘霄玥.科教文汇(下旬刊),2012(10)

[6] 数学教学中的别样风景——例谈"数学日记"在数学教学中的作用[J]. 朱锦明;陈太琴.小学教学参考,2011(09)

[7] 儿童心中的数学世界[M]. 吴正宪, 主编.北京师范大学出版社.2010

[8] 小学生数学素养培养策略与案例[M]. 朱德江, 著.北京师范大学出版社.2008

[9] 有效的学生评价[M]. (美)EllenWeber 著;国家基础教育课程改革"促进教师发展与学生成长的评价研究"项目组译.中国轻工业出版社.2003

[10] 培养反思力[M]. (美)ScottG.Paris,(美)LindaR.Ayres 著;袁坤译.中国轻工业出版社.2001

[11] 从教育信息化背景出发的小学数学分层作业设计研究[A]. 季俊贤.对接京津——新的时代 基础教育,2022

[12] "双减"背景下小学数学分层作业设计策略探析[J]. 杨上明.新教师,2022(12)

[13] 激励机制在企业人力资源管理中的应用[J]. 朱小青.中国管理信息化,2022(24)